AF275191

COLEX

# GRACIAS POR CONFIAR EN COLEX

## Disfrute gratuitamente **DURANTE UN AÑO** de los eBook, audiolibros y Colex Copilot de las obras de Editorial Colex*

### ACTIVA TU CÓDIGO PARA ACCEDER A LOS SERVICIOS

1. Accede a **www.colex.es**.

2. Inicia sesión o regístrate como usuario.

3 Dirígete al menú de usuario y haz clic en «**Mis códigos**».

4. Introduce el siguiente código (**RASCA PARA VER EL CÓDIGO**):

◆ Una vez se valide el código, aparecerá una ventana de confirmación y su eBook / audiolibro / Colex copilot estarán activos **durante 1 año desde su activación** en la pestaña «Mis libros» en el menú de usuario.

* Los audiolibros están disponibles en las ediciones más recientes de nuestras obras. Se excluyen expresamente las colecciones «Códigos comentados», «Biblioteca digital» y los productos de www.vademecumlegal.es. Colex Copilot únicamente está disponible en las ediciones más recientes de las colecciones «Paso a paso» y «Vademecum».

**No se admitirá la devolución si el código promocional ha sido manipulado y/o utilizado.**

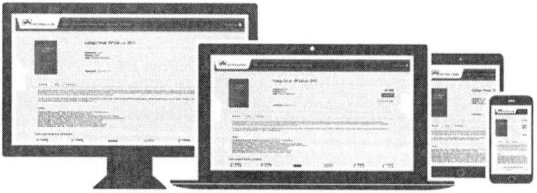

## ¡Gracias por confiar en nosotros!

La obra que acaba de adquirir incluye de forma gratuita la versión electrónica.

Acceda a nuestra página web para aprovechar todas las funcionalidades de las que dispone en nuestro lector.

# Funcionalidades eBook

**Acceso desde cualquier dispositivo con conexión a internet**

**Idéntica visualización a la edición de papel**

**Navegación intuitiva**

**Tamaño del texto adaptable**

Síguenos en:

# NUEVA FUNCIONALIDAD CON INTELIGENCIA ARTIFICIAL EN LOS LIBROS DE COLEX

## | Una cortesía de Iberley.es |

En Colex damos un paso más en innovación jurídica. Desde ahora, las guías «Paso a paso» y los «Vademecum» incorporan una nueva funcionalidad basada en **inteligencia artificial**, gracias a la tecnología de **Iberley IA**.

El lector podrá interactuar directamente con el contenido del libro de forma inmediata, útil y centrada exclusivamente en su materia.

☑ **¿Qué puede hacer el usuario en el libro?**

- Realizar preguntas sobre el contenido del libro.
- Solicitar explicaciones de artículos, conceptos o normativa.
- Utilizar un ChatBot inteligente, contextualizado y acoplado al contenido legal del libro.
- Resolver dudas puntuales mientras se estudia o trabaja con la obra.

☒ **¿Qué no puede hacer esta versión del ChatBot?**

- ✗ No permite generar escritos jurídicos.
- ✗ No analiza ni responde documentos externos.
- ✗ No responde a consultas de otras materias distintas a la del libro.

Esta herramienta está pensada para enriquecer la experiencia de lectura y consulta del libro. Su uso es exclusivo sobre su contenido.

# ¿QUIERES IR MÁS ALLÁ? DESCUBRE IBERLEY IA

Si necesitas una **solución avanzada de inteligencia legal**, con cobertura total de materias y documentos, entra en **www.iberley.es** y accede a todas las funcionalidades profesionales:

| CUADRO SIMBÓLICO DE FUNCIONALIDADES | | |
|---|---|---|
| **Funcionalidad** | **En los libros Colex** | **En Iberley.es** |
| Preguntar sobre el contenido del libro | ✓ | ✓ |
| Solicitar explicaciones jurídicas | ✓ | ✓ |
| ChatBot integrado al contenido del libro | ✓ | ✓ |
| Consultas sobre otras materias | ✗ | ✓ |
| Análisis de documentos externos | ✗ | ✓ |
| Generación de escritos jurídicos | ✗ | ✓ |
| Traducción jurídica | ✗ | ✓ |
| Informes y resúmenes legales automáticos | ✗ | ✓ |
| Contratos, guías prácticas y emails para clientes | ✗ | ✓ |
| Estrategias judiciales y jurisprudencia instantánea | ✗ | ✓ |

# PROCESO MONITORIO Y MASC

Novedades introducidas por la LO 1/2025, de 2 de enero, en el procedimiento monitorio

# PROCESO MONITORIO Y MASC

Novedades introducidas por la LO 1/2025, de 2 de enero, en el procedimiento monitorio

EDICIÓN 2025

**Obra realizada por el Departamento de Documentación de Iberley**

**COLEX 2025**

© Editorial Colex, S.L.
Calle Costa Rica, número 5, 3.º B (local comercial)
A Coruña, 15004, A Coruña (Galicia)
info@colex.es
www.colex.es


I.S.B.N.: 979-13-7011-395-7
Depósito legal: C 1624-2025

# SUMARIO

## ANEXO.
## FORMULARIOS

# 0.
# NOVEDADES EN EL PROCESO MONITORIO TRAS LA LO 1/2025, DE 2 DE ENERO. EL PAPEL DE LOS MASC

## ¿Qué novedades trae consigo la LO 1/2025, de 2 de enero, en el proceso monitorio?

Tras la entrada en vigor de la **LO 1/2025, de 2 de enero,** el 3 de abril de 2025, la admisibilidad de las demandas civiles queda condiciona al cumplimiento del requisito de procedibilidad previsto en el artículo 5 de la citada norma. Esto supone que para que la demanda planteada sea admitida es necesario que se acredite el haber intentado, con carácter previo a la misma, solucionar el conflicto a través de un medio adecuado de solución de controversias (MASC). Así se infiere del referido **artículo 5 de la LO 1/2025, de 2 de enero**, cuando dice:

> «En el orden jurisdiccional civil, con carácter general, para que sea admisible la demanda se considerará requisito de procedibilidad acudir previamente a algún medio adecuado de solución de controversias (...)».

Añadiendo en su apartado segundo:

> «Se exigirá actividad negociadora previa a la vía jurisdiccional como requisito de procedibilidad en todos los procesos declarativos del libro II y en los procesos especiales del libro IV de la Ley 1/2000, de 7 de enero, de Enjuiciamiento Civil (...)».

Pues bien, estipulado lo anterior, con carácter general debemos plantearnos ahora si el referido requisito de procedibilidad también se aplica en el caso de los procedimientos monitorios.

En relación con ello, las opiniones emitidas por los operadores jurídicos como consecuencia de la publicación de la **LO 1/2025, de 2 de enero**, y entre tanto los tribunales no se habían pronunciado al respecto, coincidían, mayoritariamente, en que no podía exceptuarse el proceso monitorio de la exigencia de MASC, toda vez que, la **LO 1/2025, de 2 de enero**, contemplaba las excepciones de forma exhaustiva y entre ellas no se encontraba el proceso monitorio.

No obstante, la anterior conclusión no impidió la existencia de la opinión contradictoria que negaba a la exigencia de MASC en los procesos monitorios efectividad práctica, es decir, la finalidad del proceso monitorio de agilizar los trámites, de ser un procedimiento rápido y sencillo en las reclamaciones dinerarias con documento que las justifique parece perder sentido con la exigencia de MASC que supondría la ralentización del proceso.

En definitiva, los operadores jurídicos que se pronunciaron al respecto defendieron la exigencia de MASC en los procesos monitorios por no existir justificación legal para incluirlo en las excepciones y ello, sin perjuicio de que con tal requisito se mermase la propia finalidad de ese tipo de procesos.

Pues bien, los tribunales ya se han pronunciado al respecto, y así cabe traer a colación el auto de la **Audiencia Provincial de Málaga n.º 260/2025, de 6 de junio, ECLI:ES:APMA:2025:535A**. En él se pone de relieve la obligatoriedad del MASC en los procesos monitorios fundamentada en lo siguiente:

- La **obligatoriedad de MASC se circunscribe a los procesos declarativos del libro II y a los procesos especiales del libro IV de la LEC**, entre estos últimos se encuentra el proceso monitorio, concretamente en el capítulo I, título III, libro IV de la LEC.

- Las **excepciones al requisito de procedibilidad** se contemplan de forma exhaustiva en los apartados 2 y 3 del artículo 5 de la LO 1/2025, de 2 de enero, sin que entre ellas se haga referencia a la exclusión del proceso monitorio, como sí ocurre por ejemplo con el juicio cambiario.

- Asimismo, el artículo 5.3 de la citada ley **excluye expresamente el proceso monitorio europeo de la exigencia de MASC** cuando dispone: «(...) Tampoco será preciso acudir a un medio adecuado de solución de controversias para presentar la petición de requerimiento europeo de pago conforme al Reglamento (CE) n.º 1896/2006 del Parlamento Europeo y del Consejo, de 12 de diciembre de 2006, por el que se establece un proceso monitorio europeo, o solicitar el inicio de un proceso europeo de escasa cuantía, conforme al Reglamento (CE) n.º 861/2007 del Parlamento Europeo y del Consejo, de 11 de julio de 2007, por el que se establece un proceso europeo de escasa cuantía».

Como complemento a lo hasta aquí expuesto, resulta interesante traer a colación la guía sobre el procedimiento monitorio que ha publicado el CGPJ en la que se analiza el requisito de los MASC respecto del proceso monitorio. De ella cabe extraer lo siguiente:

- El requisito de los MASC es exigible aun cuando el proceso monitorio se plantee sin abogado/a ni procurador/a, inadmitiéndose si no se cumple el requisito.

- En el proceso monitorio debe presentarse la documentación que acredite la actividad negociadora previa a la vía jurisdiccional o, en su caso, el intento de la misma. A tal efecto se acompañará a la petición inicial del proceso monitorio el documento que acredite haber intentado alguno de los MASC o la declaración responsable de imposibilidad de llevar a cabo la actividad negociadora, por no conocer el domicilio de la parte demandada o el medio por el que puede ser requerida.

## || La notificación al deudor del art. 21 de la LPH: ¿Equivale al MASC?

El apdo. 3 del artículo 21 de la LPH establece la documentación que se ha de aportar con la demanda para poder instar la reclamación a través del procedimiento monitorio:

- Certificado del acuerdo de liquidación de la deuda emitido por quien haga las funciones de secretario de la comunidad con el visto bueno del presidente.

- Documento acreditativo en el que conste haberte notificado al deudor, pudiendo hacerse también de forma subsidiaria en el tablón de anuncios o lugar visible de la comunidad durante al menos 3 días.

- Cuotas aprobadas que se devenguen hasta la notificación de la deuda y los gastos y costes que conlleve la reclamación de la deuda.

De acuerdo con los criterios del Colegio de la Abogacía de Gijón (ICA Gijón), a falta de pronunciamientos judiciales al respecto, los anteriores requisitos documentales del proceso monitorio especial del art. 21 de la LPH, tendrían como finalidad un principio probatorio de que existe una deuda, cierta, vencida y exigible para dar paso a poder acceder al procedimiento monitorio, en el que el silencio del demandado da lugar a un título ejecutivo.

Sin embargo, el objetivo del **art. 5 de la LO 1/2025, de 2 de enero**, es otro: acreditar el necesario intento de actividad negociadora antes de acudir a la vía judicial.

Conforme a lo anterior, el ICA Gijón entiende que no habría inconveniente en que en las juntas de propietarios en las que se apruebe la liquidación de la deuda se incluya un punto adicional de intento de negociación, como podría ser, la concesión de un plazo para que el deudor efectúe el pago, posibilitar el fraccionamiento de la deuda, haciendo constar de esta manera en el acta que este contenido adicional tiene como finalidad expresar la voluntad negociadora de la comunidad de propietarios antes de acudir a un procedimiento judicial.

Así, el citado colegio saca la siguiente conclusión al respecto:

> «En tal caso, si el acta de la junta se notifica personalmente al comunero (o se intenta pero no recoge la notificación), creo que podría darse por cumplido también el requisito de procedibilidad y, además, no existiría ningún riesgo de vulnerar el principio de confidencialidad».

Por su parte, el **auto de la Audiencia Provincial de Málaga n.º 260/2025, de 6 de junio, ECLI:ES:APMA:2025:535A**, resuelve acerca de la inadmisión de una demanda presentada por una comunidad de propietarios que resulta inadmitida por no constar en la misma el cumplimiento del requisito de procedibilidad del MASC. Contra dicha inadmisión se plantea recurso de apelación alegando que el mencionado requisito no resulta de aplicación al proceso monitorio de reclamación de deudas instado por una comunidad de propietarios y que, por lo tanto, no puede inadmitirse la demanda en base a este motivo, pues de aplicarse a estos procesos el citado requisito de procedibilidad, perderían el carácter sumario que los inspira. El recurrente entiende evidente la voluntad del legislador de no aplicar la LO 1/2025, de 2 de enero, en el proceso monitorio en comunidades de vecinos y lo justifica en los términos siguientes:

> «(...) es un procedimiento sumario regulado en los artículos 812 y siguientes de la Ley de Enjuiciamiento Civil, y cuya documental que debe adjuntarse, como requisito formal, viene determinada en el artículo 21 de la Ley de Propiedad Horizontal, por lo que hay que tener en cuenta que el legislador también ha modificado la Ley de Propiedad Horizontal a través de la reformas operada en la la Ley Orgánica 1/2025 y, sin embargo, no ha sido su voluntad modificar el precitado artículo 21 (...) ergo, la documental que debe de acompañar a estas solicitudes/demandas en dichos procedimientos quedan invariables, de tal forma que no es voluntad del legislador que se acompañe o adjunte a estas con el preceptivo documento de haber intentado la negociación previa (MASC), (...)».

La audiencia desestima el recurso de apelación reseñando que se mantiene aplicable lo previsto en el art. 21 de la LPH, de modo que sigue exigiéndose tras la **LO 1/2025, de 2 de enero**, la justificación documental en el prevista. Lo anterior, no impide que, tras la entrada en vigor de la citada norma, sea necesario cumplimentar lo en ella exigido respecto del requisito previo de procedibilidad. En este sentido, la audiencia pone de relieve la obligatoriedad del MASC respecto de los procesos declarativos del libro II y de los especiales del libro IV de la LEC, así como las excepciones al mismo que el propio art. 5 de la LO 1/2025, de 2 de enero, contempla y entre las que no se encuentra el proceso monitorio en el ámbito de la propiedad horizontal.

Así, la AP de Málaga resuelve al respecto:

> «(...) el legislador ha optado por excluir de la necesidad de acudir a esos mecanismos negociadores a los monitorios europeos pero no así a los restantes monitorios, ni a los genéricos, llamémoslos así, ni a los especiales de propiedad horizontal, no pareciendo obedecer dicha omisión a un olvido involuntario, sino, por el contrario, a expreso deseo de separar unos de otros, de modo y manera que si no se intenta acuerdo con un MASC, la solicitud (demanda) será inadmitida a trámite, y ese incumplimiento debe calificarse de insubsanable, dado tratarse de requisito de procedibilidad expresamente dispuesto por ley; en definitiva, cabe afirmar que no cabe presentar una demanda judicial sin antes haber pasado por un intento de solucionar el conflicto a través de una de las vías extrajudiciales que se ofrecen en la Ley Orgánica 1/2025, en atención al principio general de derecho "lex non distinguit, nec non distinguere debemus",lo que nos reconduce a entender que la novedosa exigencia orgánica afecta directamente a todos los procesos monitorios, ya lo sean propios de la Ley 1/2000 o, en su caso, de la especialidad marcada por la Ley 49/1960».

## Particularidades del requisito de procedibilidad en los monitorios en materia de consumo

Para los litigios en materia de consumo la **LO 1/2025, de 2 de enero**, ha establecido en su **D.A.7.ª** que el requisito de procedibilidad se entenderá cumplido con la reclamación previa por parte del consumidor o usuario a la empresa o profesional con el que hubiere contratado, sin haber obtenido una respuesta en el plazo establecido por la legislación aplicable a cada caso, o cuando la misma no sea satisfactoria.

Asimismo, la reclamación extrajudicial previa por parte del consumidor o usuario a la empresa o profesional no excluye la posibilidad de acudir a un MASC, pues, por ejemplo, en el caso de que una reclamación previa sea infructuosa, se podría acudir a cualquiera de los medios adecuados de solución de controversias, tanto los previstos en la legislación especial en materia de consumo, como los generales previstos en la **LO 1/2025, de 2 de enero**.

# 1.
# ● EL PROCESO MONITORIO EN LA LEC

## Regulación del proceso monitorio en la LEC

El libro IV de la Ley de Enjuiciamiento Civil se refiere a los procesos especiales y, entre ellos, contempla los procesos monitorio y cambiario en el título III. La finalidad común a ambos procesos radica en la protección privilegiada del crédito.

En concreto, el **proceso monitorio**, preceptuado desde el **artículo 812 al artículo 818 de la Ley de Enjuiciamiento Civil**, se constituye como una alternativa rápida y ágil para la reclamación de deudas dinerarias que se centra en que la parte interesada presente ante el tribunal un documento con el que pueda acreditar la existencia de una deuda **dineraria, vencida, líquida, determinada y exigible.**

> **A TENER EN CUENTA**. Los artículos 814 de la LEC (petición inicial de procedimiento monitorio) y 815 de la LEC (admisión de la petición y requerimiento de pago) han sido objeto de modificación por el Real Decreto-ley 6/2023, de 19 de diciembre, con fecha de entrada en vigor el 20 de marzo de 2024. Por su parte, el art. 818 ha sido modificado por la LO 1/2025, de 2 de enero, con entrada en vigor el 03/04/2025.

**No existe límite cuantitativo,** es decir, se puede reclamar cualquier deuda sea cual sea su importe.

Como se expone en la web oficial del Ministerio de Justicia:

> «Es una **vía rápida y ágil para la reclamación de deudas de carácter dinerario**, ya que únicamente será necesaria la celebración de una vista o comparecencia ante el Juez o Jueza si el deudor se opone a la reclamación presentada.
>
> Si no es así, y el deudor no paga voluntariamente ni se opone dentro del plazo concedido al efecto, el procedimiento finaliza automáticamente mediante una resolución que permitirá al demandante acudir directamente a la ejecución forzosa, en la que podrán embargarse bienes suficientes del demandado o demandada hasta que se abone totalmente la deuda reclamada.

Su utilización se ha ido generalizando en los últimos años hasta el punto de que en la actualidad ha pasado a ser el **procedimiento más utilizado en el ámbito civil**».

# 1.1. ¿En qué casos procede?

### ¿En qué casos procede el proceso monitorio?

El apartado primero del artículo 812 de la LEC determina que el proceso monitorio es el adecuado para resolver las pretensiones fundadas en la exigencia de pago de una deuda, pero **¿cuáles han de ser las características de la deuda?** Para acudir al proceso monitorio ha de tratarse de una deuda:

- Dineraria, cualquiera que sea su importe.
- Líquida.
- Determinada.
- Vencida.
- Exigible.
- Acreditada de alguna de las formas previstas en la ley.

En relación con lo anterior **¿cuáles son las formas en que puede acreditarse la deuda?** Conforme al apartado 1 del artículo 812 de la LEC, podrá acreditarse mediante:

- **Documentos**, cualquiera que sea su forma y clase o el soporte físico en que se encuentren, que aparezcan firmados por el deudor o con su sello, impronta o marca o con cualquier otra señal, física o electrónica.
- **Facturas, albaranes de entrega, certificaciones, telegramas, telefax** o cualesquiera otros documentos que, aun unilateralmente creados por el acreedor, sean de los que habitualmente documentan los créditos y deudas en relaciones de la clase que aparezca existente entre acreedor y deudor.

Asimismo, en caso de deudas que cumplan los requisitos señalados, **también podrá acudirse al proceso monitorio** para su pago conforme al artículo 812.2 de la LEC en los supuestos siguientes:

- Cuando, junto al documento en que conste la deuda, se aporten documentos comerciales que acrediten una relación anterior duradera.
- Cuando la deuda se acredite mediante certificaciones de impago de cantidades debidas en concepto de gastos comunes de comunidades de propietarios de inmuebles urbanos.

El documento se debe caracterizar por ser un instrumento válido para la protección del crédito desde un punto de vista procesal, pues se permite que determinados documentos sin suficientes garantías, pero con una apariencia jurídica «buena», puedan ser acreditados como válidos, dando lugar a su inmediata satisfacción judicial.

**CUESTIÓN**

**¿Cuál es la finalidad del proceso monitorio?**

La finalidad del proceso monitorio es proporcionar al acreedor el título ejecutivo que le permita exigir judicialmente el pago de la deuda. Tiene por objeto la pretensión monitoria, consistente en pedir que el documento que se aporta se transforme por el tribunal en un título que lleve aparejada ejecución.

En este sentido señala el **auto de la Audiencia provincial de Barcelona n.º 305/2025, de 29 de julio, ECLI:ES:APB:2025:7547A**, que «El proceso monitorio, como recoge la Exposición de Motivos de la Ley de Enjuiciamiento Civil, pretende ser aquel procedimiento a través del cual tenga protección rápida y eficaz el crédito dinerario líquido de muchos justiciables, para lo cual es necesario que con la solicitud se aporten documentos de los que resulte una base de buena apariencia jurídica de la deuda dineraria, determinada, vencida y exigible, que se pretende reclamar, es decir que los documentos constituyan un principio de prueba del derecho del peticionario como establece el art. 815 LEC».

El proceso monitorio se caracteriza a su vez por la ausencia de audiencia inmediata del deudor. La Ley de Enjuiciamiento Civil opta por la transformación del proceso especial en ordinario si el deudor demandado se opone, o incluso permite entrar directamente en ejecución si no comparece.

**RESOLUCIONES RELEVANTES**

**Sentencia de la Audiencia Provincial de Valencia n.º 375/2022, de 16 de diciembre, ECLI:ES:APV:2022:3284A.**

*«El artículo 812-1 LEC establece un amplio elenco de documentos acreditativos de una deuda que pueden servir de apoyo al proceso monitorio, entre los que se encuentran las "facturas". La finalidad de este proceso es la protección rápida y eficaz de los créditos dinerarios líquidos, correspondiendo al actor la acreditación de la apariencia jurídica de la deuda mediante documento que recoja la manifestación de voluntad del deudor o bien mediante documento, aún de creación unilateral por el acreedor siempre que sea de los que habitualmente documentan los créditos y deudas en las relaciones existentes entre las partes ( art. 812.1.2ª LEC)».*

**Auto de la Audiencia Provincial de Girona n.º 246/2025, de 23 de julio, ECLI:ES:APGI:2025:834A**

*«El proceso monitorio ha sido introducido por primera vez en nuestro sistema procesal por la L.E.C. 1/2000 y con él pretende el legislador que por sus cauces "tenga protección rápida y eficaz el crédito dinerario líquido de muchos justiciables"; para que pueda acudirse a dicho procedimiento es preciso que se reclame una deuda dineraria, de cualquier importe, líquida, determinada, vencida y exigible, y además es preciso aportar con la solicitud inicial los documentos que, de manera específica o genérica contempla el art. 812 LEC, mediante los que se acredite la deuda reclamada.*

*Así pues, a los efectos de admisión a trámite de la petición monitoria, el juez de instancia únicamente ha de comprobar, so pena de desnaturalizar el procedimiento, conduciéndolo al fracaso, si con la petición monitoria se han presentado documentos que, integrados con las alegaciones del acreedor sobre el origen y cuantía de la deuda, constituyen un principio de prueba acreditativo de la realidad de la misma, sin que en modo alguno pueda exigirse, en este momento procesal, una justificación plena de la existencia o certeza del crédito. Así la propia Exposición de Motivos de la LEC recoge que "Punto clave de este proceso es que con la solicitud se aporten documentos de los que resulte una base de buena apariencia jurídica de la deuda"; en definitiva, el legislador exige únicamente una aportación documental significativa de una "buena apariencia jurídica de la deuda".*

*Por otra parte, la enumeración contenida en la LEC no conforma una relación cerrada o numerus clausus, que tipifique, de forma exhaustiva, los supuestos de prueba documental constitutivos de un principio de prueba de la deuda sino que se trata de una relación abierta en la cual se ejemplifican supuestos que el legislador considera idóneos a tales efectos, sin excluir otros con tal que sean constatación de "una buena apariencia jurídica de la deuda", y a este respecto nuevamente la Exposición de Motivos señala que "la ley establece casos generales y otros concretos o típicos" y añade "Si se trata de documentos que la Ley misma considera base de aquélla apariencia o si el Tribunal así lo entiende, quien aparezca como deudor es inmediatamente colocado ante la opción de pagar o dar razones...".En conclusión, puede afirmarse que el legislador quiso excluir aquellas reclamaciones en las cuales el promovente carece de documento prima facie justificativo de la deuda dineraria que reclama, pues el procedimiento monitorio es un procedimiento de raíz formal que, con base a la documental, permite obtener al acreedor, con la simple falta de oposición, un título ejecutivo, por lo que la existencia de la deuda y el derecho del acreedor deben resplandecer de la documentación acompañada con la solicitud».*

## Características del procedimiento monitorio

En cuanto al procedimiento, hay que distinguir varias posibilidades, **según exista o no oposición del deudor**.

En caso de que **no haya oposición del deudor** ni este hubiese atendido el requerimiento de pago, el letrado de la Administración de Justicia dictará decreto dando por terminado el proceso monitorio y dará traslado al acreedor para que inste el despacho de ejecución, prosiguiendo esta conforme a lo dispuesto para las sentencias judiciales.

En caso de existencia de **oposición del deudor** al pago de la cantidad exigida por el acreedor, el asunto se resolverá definitivamente en el juicio que corresponda, teniendo la sentencia que se dicte fuerza de cosa juzgada.

A este respecto, el solicitante del procedimiento monitorio deberá presentar la demanda correspondiente, dependiendo de la cuantía del procedimiento.

> **A TENER EN CUENTA**. Respecto de la oposición del deudor y la continuación por el procedimiento que corresponda por razón de la cuantía, se ajustará a lo previsto en el artículo 818 de la LEC, cuyo apartado segundo ha sido modificado por la LO 1/2025, de 2 de enero, en vigor desde el 03/04/2025.

En el caso de juicio verbal (cuantía no superior a 15.000 €), al actor se le dará traslado de la oposición, la cual podrá impugnarla en el plazo de 10 días. Tanto el actor en el escrito de impugnación como el deudor en su escrito de oposición deberán indicar, en su caso, la procedencia de la celebración de la vista.

Para el caso de que la cuantía suponga el trámite por los cauces del juicio ordinario, esto es, con una cuantía superior a 15.000 €, el peticionario tendrá el plazo de un mes desde el traslado de la oposición, para que presente demanda.

Si lo que se reclama en el procedimiento monitorio son **cantidades o rentas debidas por el arrendatario de finca urbana**, y este presentase oposición, el asunto se resolverá por los trámites del juicio verbal, independientemente de la cuantía.

**A TENER EN CUENTA**. El Real Decreto-ley 6/2023, de 19 de diciembre, con entrada en vigor el 20 de marzo de 2024 modificó lo concerniente a las cuantías relativas al juicio verbal y al juicio ordinario. Así, procede juicio verbal cuando la cuantía no exceda de 15.000 euros y juicio ordinario en el caso de demandas que excedan dicha cantidad.

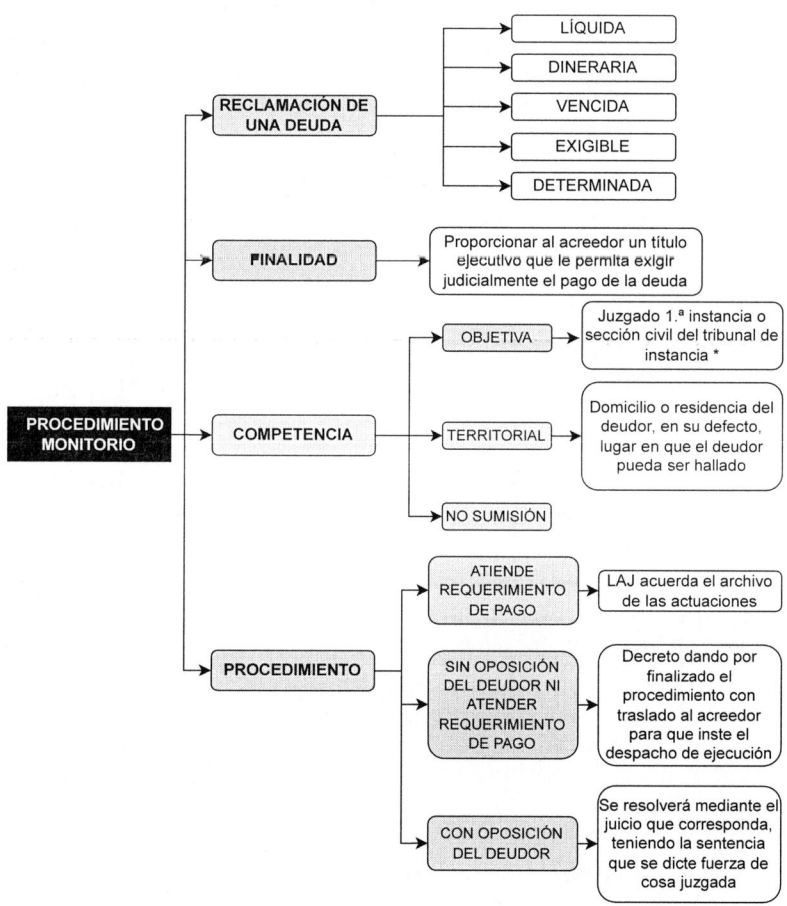

\* Por la reforma realizada por la LO 1/2025, de 2 de enero, una vez implantados de forma efectiva los tribunales de instancia (D.T. 1.ª), todas las referencias realizadas a los juzgados unipersonales se entenderán realizadas a las secciones del orden jurisdiccional correspondiente de los tribunales de instancia.

# 1.2. Competencia para conocer del proceso monitorio

## La competencia en el proceso monitorio

La competencia en el proceso monitorio está prevista de forma específica en el **artículo 813 de la LEC** del que se infiere la regla general de la competencia objetiva, así como una serie de especialidades relativas a la determinación de la competencia territorial que analizaremos en el siguiente punto.

Así pues, la **competencia objetiva para conocer del procedimiento monitorio se atribuye de forma exclusiva a los juzgados de primera instancia o, una vez finalizada su implantación, a las secciones civiles de los tribunales de instancia** que correspondan territorialmente conforme a las reglas establecidas en el artículo 813 de la LEC.

> **A TENER EN CUENTA**. Por la reforma realizada por la LO 1/2025, de 2 de enero, una vez implantados de forma efectiva los tribunales de instancia (D.T. 1.ª), todas las referencias realizadas a los juzgados unipersonales se entenderán realizadas a las secciones del orden jurisdiccional correspondiente de los tribunales de instancia.

## Especialidades en la determinación de la competencia territorial en el procedimiento monitorio

Atribuida, como hemos visto, la competencia objetiva en el procedimiento monitorio a los **juzgados de primera instancia o, en su caso, a las secciones civiles de los tribunales de instancia, ¿cómo se fija el órgano territorialmente competente?** A estos efectos, para fijar la competencia territorial en el proceso monitorio habrá que atender a las reglas previstas en el artículo 813 de la LEC y que podemos sintetizar en las siguientes:

- **Regla general:** la competencia territorial se atribuye de forma exclusiva al juzgado de primera instancia o sección civil del tribunal de instancia del domicilio o residencia del deudor.

- **¿Si no fuere conocido el domicilio o residencia del deudor?** Entonces será competente el del lugar en que el deudor pudiera ser hallado a efectos del requerimiento de pago por el tribunal.

- **¿Qué sucederá en caso de que las averiguaciones sobre el domicilio o residencia del deudor sean infructuosas o se localice a aquel en otro partido judicial?** Pues bien, en estos casos el juez dictará auto dando por finalizado el proceso. Se hará constar dicha circunstancia y se reservará al acreedor el derecho a instar de nuevo el proceso ante el tribunal competente.

En todo caso, no serán de aplicación las normas sobre sumisión expresa o tácita contenidas en los artículos 50 a 60 de la LEC.

De las reglas anteriores resulta, por tanto, que la **competencia territorial** será el lugar más cercano al domicilio del demandado, ya sea su domicilio o su residencia, o en caso de no ser conocido el lugar donde el deudor pudiera ser hallado, por tanto, la prioridad será el lugar donde sea más fácil requerir al demandado.

---

**CUESTIÓN**

**¿Qué sucede con la competencia en los casos en que se reclame una deuda acreditada mediante certificaciones de impago de cantidades debidas en concepto de gastos comunes de comunidades de propietarios de inmuebles urbanos?**

Cuando lo que se reclama es la deuda del n.º 2.º, apartado 2 del artículo 812 de la LEC, es decir, la que se acredita «mediante certificaciones de impago de cantidades debidas en concepto de gastos comunes de Comunidades de propietarios de inmuebles urbanos», la competencia territorial corresponderá, a elección del solicitante, no solo al tribunal del domicilio o residencia del deudor o, en su caso, al del lugar en que el deudor pudiera ser hallado, sino también al del lugar en el que se halle la finca.

Resulta interesante lo previsto en el **auto de la Audiencia Provincial de Barcelona n.º 409/2025, de 4 de julio, ECLI:ES:APB:2025:6648A**, respecto del artículo 813 de la LEC:

*«Dicha norma recogió la doctrina jurisprudencial que establecía que la imposibilidad de llevar a cabo el requerimiento en dicho lugar conduce al archivo de las actuaciones y devolución de la documentación al acreedor para que use de su derecho en la forma que estime oportuna. Ahora bien, el propio Tribunal Supremo establecía ya, como excepción a dicha regla general, la regla especial de competencia para los casos, como lo es el que nos ocupa, en que se trate de monitorios a los que se refiere el número 2º del apartado 2 del artículo 812.*

*Así, como resulta de la norma transcrita, además de resultar competente el tribunal del domicilio del demandado, será también competente el tribunal del lugar en donde se halle la finca, a elección del demandante.*

*(...)*

*Pero la trascrita regla de archivo del monitorio no puede entenderse de aplicación a los supuestos recogidos en el artículo 812.2.2ª de la ley de trámites. En primer lugar, por ser en todo caso fuero electivo para el acreedor el de la ubicación del inmueble constituido en régimen de comunidad y cuyos gastos de sostenimiento se reclaman. Y, en segundo término, al permitir el artículo 815 en estos casos la citación por edictos cuando, intentada la comunicación en el piso o local, la misma hubiera sido negativa.*

*Por lo tanto, y en los casos de las reclamaciones planteadas por las Comunidades -en este caso, una mancomunidad regida en principio también por las reglas de la propiedad horizontal- contra los propietarios de inmuebles urbanos por gastos impagados, la falta de citación de los deudores en el piso o local no conducirá al archivo de las actuaciones, si no que deberá procederse a la averiguación y requerimiento de los deudores en el domicilio en que residan o, incluso, a la práctica de tal requerimiento mediante edictos».*

En relación con la **competencia en el proceso monitorio** resulta interesante el **auto del Tribunal Supremo, rec. 14/2023, de 7 de marzo, ECLI:ES:TS:2023:3597A**, que señala:

«a) En relación con la **competencia territorial en el proceso monitorio**, esta se fija de **manera imperativa** por el art. 813 LEC. (...).

(...).

b) El último párrafo del art. 813 LEC fue introducido por la Ley 4/2011, de 24 de marzo, de modificación de la LEC, para facilitar la aplicación en España de los procesos europeos monitorio y de escasa cuantía y siguió el criterio marcado por el auto del Pleno de esta Sala de 5 de enero de 2010 (asunto 178/2009), continuado por otros posteriores, que declaró que:

"[...] **cuando el Juzgado ante el que se presenta la solicitud admite la pretensión y se declara competente territorialmente -por aplicación de lo dispuesto en el artículo 813 de la LEC- no está fijando indebidamente su competencia, aun cuando se haya determinado erróneamente el lugar donde se encuentra el deudor, sino que tal declaración de competencia territorial es correcta en atención a los datos contenidos en la petición**, que resultan esenciales para la apertura del procedimiento. En tal caso de falta de localización del deudor en el domicilio señalado, cabe incluso admitir que se intente una primera averiguación de domicilio de modo que si aparece otro distinto al suministrado, pero dentro del propio partido judicial, se intente el requerimiento; pero si tampoco éste resulta efectivo o el domicilio averiguado pertenece a distinto partido judicial no habrá de ponerse en marcha el mecanismo previsto en el artículo 58 de la Ley Procesal para negar ahora una competencia territorial que ya se declaró correctamente conforme a la ley, sino que lo procedente será el archivo de las actuaciones con devolución al acreedor de la documentación aportada para que, si ello interesa a su derecho, pueda iniciarlo de nuevo en el lugar que considere oportuno o acudir directamente al proceso declarativo; solución aplicable con carácter general al proceso monitorio, salvo el caso distinto de las deudas derivadas del régimen de propiedad horizontal que, conforme a lo dispuesto en el artículo 815.2 de la Ley de Enjuiciamiento Civil, tiene un régimen especial en cuanto a la localización del deudor [...]".

c) De la aplicación del precedente criterio legal se colige que el legislador ha establecido un **régimen especial de reglas para la apreciación de oficio de la incompetencia territorial en el proceso monitorio**, diferenciado del general comprendido en el Libro I de la LEC, por virtud del cual, en supuestos de incompetencia territorial, el juez dictará auto dando por terminado el proceso y reservando al acreedor el derecho a instar de nuevo el proceso ante el Juzgado competente, sin necesidad de activar el trámite del artículo 58 de la LEC ni de resolver la inhibición en favor del Juzgado competente.

Cierto es que la redacción del último párrafo del artículo 813 LEC solo contempla tal **previsión para supuestos de incompetencia territorial sobrevenida y no inicial, pero no existen razones que justifiquen un diferente tratamiento cuando de la mera lectura de la petición inicial ya se constata, sin necesidad de ninguna averiguación, que el deudor está localizado en otro partido judicial**, solución esta que el referido auto de Pleno consideró "aplicable con carácter general al proceso monitorio, salvo el caso distinto de las deudas derivadas del régimen de propiedad horizontal que, conforme a lo dispuesto en el artículo 815.2 de la Ley de Enjuiciamiento Civil, tiene un régimen especial en cuanto a la localización del deudor"».

Asimismo, se recomienda la lectura del **auto del Tribunal Superior de Justicia de Cataluña n.º 57/2019, de 29 de marzo, ECLI:ES:TSJCAT:2019:272A**.

**CUESTIÓN**

**¿Qué ocurre cuando la petición de proceso monitorio se presenta ante tribunal que carece de competencia para conocer del mismo conforme a las reglas del artículo 813 de la LEC? ¿Interrumpe la prescripción la presentación de la petición ante un órgano incompetente?**

Para responder a estas cuestiones hay que poner en relación el artículo 1973 del CC y el artículo 813 de la LEC, así como la jurisprudencia existente sobre la interrupción de la prescripción. En este sentido, resulta interesante la **STS n.º 1541/2024, de 18 de noviembre, ECLI:ES:TS:2024:5772**, en la que se efectúa un análisis exhaustivo de la misma y de la que se infiere:

Negar a la demanda interpuesta ante una jurisdicción incompetente la eficacia interruptiva de la prescripción, infringe el derecho a la tutela judicial efectiva cuando al litigante no se le pueda reprochar el haber acudido a un órgano judicial cuya incompetencia conocía de antemano, ni que actuara con una conducta negligente o contraria a la lealtad procesal, hiciera un uso fraudulento del proceso o desconociera las indicaciones hechas por algún órgano judicial sobre cuál era la vía jurisdiccional adecuada (**STC n.º 194/2009, de 28 de septiembre, ECLI:ES:TC:2009:194**).

La cuestión determinante del efecto interruptivo de la prescripción no radica en que la reclamación se efectúe ante otra jurisdicción u órgano incompetente, siempre que esa incompetencia o falta de jurisdicción sea patente y manifiesta. Resulta clave atender a las circunstancias concretas del ejercicio de la acción judicial a los efectos de determinar si se conocía de antemano la incompetencia, si se actuó de modo negligente o desconociendo las indicaciones de un órgano judicial sobre el que sea competente para conocer de la reclamación (**STS n.º 623/2016, de 20 de octubre, ECLI:ES:TS:2016:4539**).

Así pues, en consonancia con lo expuesto, la **Audiencia Provincial de Madrid en su sentencia n.º 145/2025, de 25 de abril, ECLI:ES:APM:2025:5914**, prescindiendo del análisis del órgano que resulta competente, señala que lo relevante en el caso planteado es «(...) si la presentación de la solicitud ante un órgano incompetente carece de efecto interruptivo y, conforme a la jurisprudencia expuesta, no puede afirmarse que la demandante conociese, en estas circunstancias, la notoria incompetencia del órgano o que actuase de modo negligente (...)». No prosperando, por tanto, este motivo del recurso.

Por otro lado, también cabe traer a colación lo resuelto en la **SAP de Murcia n.º 376/2025, de 4 de julio, ECLI:ES:APMU:2025:1862**, conforme a la cual:

«*En el caso que nos ocupa, la demanda de proceso monitorio no llegó a notificarse al deudor, que no fue requerido de pago en el domicilio designado por el demandante, siendo luego archivada al averiguarse por el Juzgado otro domicilio fuera del partido judicial ( art. 813 LEC). Se da, además, la circunstancia de que conociendo el demandante este nuevo domicilio, dejó transcurrir unos tres años hasta presentar la demanda origen de las presentes actuaciones, momento en el que, no habiéndose interrumpido la prescripción, ya había transcurrido el plazo de cinco años del art. 1964 del Código Civil, según su nueva redacción, así como los 82 días de suspensión de plazos por Covid (28 de diciembre de 2020)*».

Otro aspecto a tener en cuenta respecto del proceso monitorio es lo previsto en el **auto de la Audiencia Provincial de la Rioja n.º 109/2019, de 15 de julio, ECLI:ES:APLO:2019:361A,** conforme al cual «*si observamos el art. 813 LEC comprobamos que **condiciona la diligencia del requerimiento de pago a que el deudor 'pudiera ser hallado',** lo cual parece indicar que esa circunstancia de ser hallado resulta fundamental como mecanismo necesario para la práctica personal del requerimiento y la posibilidad de permitir la deudor, con plenas garantías de defensa adoptar la posición procesal más conveniente a sus intereses*».

En cuanto a los casos en que resulte **ineficaz la localización del deudor y la posibilidad de comunicación edictal** en el proceso monitorio cabe traer a colación el **auto de la Audiencia Provincial de Málaga n.º 428/2022, de 20 de septiembre, ECLI:ES:APMA:2022:493A,** que establece:

> «(...) En caso de falta de localización del deudor en el domicilio señalado, cabe que, tras una primera averiguación de domicilio en que aparece otro distinto al suministrado, pero dentro del propio partido judicial, se intente el requerimiento; pero si tampoco éste resulta efectivo lo procedente será el archivo de las actuaciones con devolución al acreedor de la documentación aportada para que, si ello interesa a su derecho, pueda iniciarlo de nuevo en el lugar que considere oportuno o acudir directamente al proceso declarativo; solución aplicable con carácter general al proceso monitorio (salvo el caso distinto de las deudas derivadas del régimen de propiedad horizontal que, conforme a lo dispuesto en el artículo 815.2 de la Ley de Enjuiciamiento Civil , tiene un régimen especial en cuanto a la localización del deudor).
>
> TERCERO.- En el caso en que se ha dictado el auto objeto de apelación se efectuaron las averiguaciones domiciliarias pertinentes, se intentó el requerimiento de pago tanto en el domicilio o residencia señalada en la demanda y que constaba también en los archivos públicos como en el resto de domicilios cuya información apareció tras la pertinente averiguación, pero todas estas actuaciones no fueron efectivas, pretendiendo el demandante que se efectúe mediante edictos.
>
> A la vista de las alegaciones en que se basa el recurso de apelación, se constata que las mismas carecen de la pretendida eficacia de desvirtuar las consideraciones jurídicas que sirven de fundamento a la resolución apelada, las cuales se dan aquí por reproducidas, pues, en tanto que el art. 815.1 párrafo 2º LEC señala que el requerimiento de pago del proceso monitorio, que es el supuesto que nos ocupa, se hará al demandado en la forma prevista en el art. 161 LEC, tal previsión impide pensar en otra forma de comunicación que no sea la referida en dicho artículo, el cual regula exclusivamente la comunicación por medio de entrega de la copia de la resolución, con diferentes alternativas, pero siempre comunicación de tipo personal, en ningún caso mediante edictos. Esta comunicación edictal únicamente la prevé la regulación del proceso monitorio de la LEC en su art. 815.2 para el caso de que se tratara de reclamaciones de deudas derivadas del impago de los gastos comunes de comunidades de propietarios de inmuebles urbanos ( art. 812.2.2º LEC); en este caso sí que, en última instancia, cabría la comunicación por edictos del art. 164 LEC. Y es claro

que no estamos ante este supuesto y que, por tanto, no procede atender el pedimento de requerir por edictos, procediendo a la desestimación del recurso de apelación».

Por lo que se refiere al proceso monitorio y la determinación de la competencia territorial **¿qué sucede en los casos en que el acreedor desconoce el domicilio o residencia del deudor?** Esta es otra de las dudas que pueden surgir pudiendo resultar de aplicación lo previsto en el artículo 156 de la LEC respecto de las averiguaciones del tribunal sobre el domicilio.

Este precepto comienza diciendo: *«En los casos en que el demandante manifestare que le es imposible designar un domicilio o residencia del demandado, y la averiguación del mismo fuere necesaria, se utilizarán por el letrado o la letrada de la Administración de Justicia los medios oportunos para averiguar esas circunstancias (...)».*

No obstante lo anterior, el contenido del citado artículo chocaría con la finalidad del procedimiento monitorio, ya que se caracteriza por la celeridad para la reclamación de cantidades dinerarias (mayoritariamente cantidades pequeñas), por lo que, en la práctica, se archivará el procedimiento dando la posibilidad al acreedor para que pueda acudir posteriormente a un nuevo procedimiento para reclamar las cantidades debidas.

> **A TENER EN CUENTA.** El artículo 156 de la LEC ha sido modificado por la LO 1/2025, de 2 de enero, en vigor desde el 03/04/2025, añadiendo, para proceder como en el mismo se establece, la exigencia de que la averiguación del domicilio resulte necesaria.

**CUESTIÓN**

**Un acreedor que reside en Pontevedra quiere presentar una petición de procedimiento monitorio contra una mercantil con domicilio social en Madrid. ¿Qué órgano judicial sería competente territorialmente?**

En caso de que el procedimiento monitorio se interponga contra una **persona jurídica**, la regla para determinar la competencia territorial prevista en el artículo 813 de la LEC ha de completarse con la del artículo 51 de la LEC, por lo tanto, para responder a esta cuestión hay que tener en cuenta los siguientes extremos:

- En base al artículo 813 de la LEC «Será exclusivamente competente para el proceso monitorio el Juzgado de Primera Instancia del domicilio o residencia del deudor (...)».

- Conforme al artículo 51.1 de la LEC las personas jurídicas «(...) podrán ser demandadas en el lugar donde la situación o relación jurídica a que se refiera el litigio haya nacido o deba surtir efectos, siempre que en dicho lugar tengan establecimiento abierto al público o representante autorizado para actuar en nombre de la entidad».

En esta línea el **auto del Tribunal Supremo, rec. 44/2019, de 2 de abril, ECLI:ES:TS:2019:4102A,** señala:

*«En consecuencia, es claro que el legislador ha establecido un régimen especial de reglas para la apreciación de oficio de la incompetencia territorial en el proceso monitorio, diferenciado del general comprendido en el Libro I de la LEC. En caso de apreciarse falta de competencia territorial en el proceso monitorio, el juez dictará*

*auto dando por terminado el proceso y reservando al acreedor el derecho a instar de nuevo el proceso ante el Juzgado competente, sin necesidad de activar el trámite del artículo 58 de la LEC ni de resolver la inhibición en favor del Juzgado competente.*

*(...)*

*'Como complemento de lo previsto en el art. 813 LEC , cuando el deudor sea una las personas jurídicas, el art. 51.1 LEC dispone con carácter general que '(s)alvo que la Ley disponga otra cosa, las personas jurídicas serán demandadas en el lugar de su domicilio. También podrán ser demandadas en el lugar donde la situación o relación jurídica a que se refiera el litigio haya nacido o deba surtir efectos, siempre que en dicho lugar tengan establecimiento abierto al público o representante autorizado para actuar en nombre de la entidad'.*

*'Esta regla no desvirtúa lo pretendido con el art. 813.1 LEC , que la competencia para conocer del proceso monitorio se corresponda con el lugar donde pueda hacerse el requerimiento de pago. Ordinariamente será el domicilio del deudor, pero, en el caso de una persona jurídica, puede ser en el establecimiento donde desarrolle su actividad, siempre y cuando esta actividad haya generado el crédito objeto de reclamación.*

*'iii) Esta determinación de la competencia territorial que, de manera imperativa, se efectúa en el art. 813 LEC a favor del juzgado del domicilio del demandado, sin distinguir la posición jurídica o condición que ostenten cada una de las partes en la relación base de la reclamación, hace inaplicable al caso las previsiones contenidas en el art. 52.2 LEC , que hacen referencia a la forma de contratación y otros extremos que no pueden ser analizados en este procedimiento especial, en cuanto debe limitarse a solicitar el requerimiento de pago y adoptar la decisión que corresponda en función de la actitud adoptada por el requerido y, ello, cuando se den unos determinados y precisos requisitos meramente formales».*

---

**A TENER EN CUENTA**. Las referencias a los juzgados deben entenderse hechas a las secciones de los tribunales de instancia que correspondan, en este caso, a la sección civil de los tribunales de instancia, a raíz de la publicación de la LO 1/2025, de 2 de enero, y las modificaciones que supone la misma. A estos efectos, tener presente lo dispuesto en la D.A. 1.ª de aquella y la culminación de la transformación de los juzgados en secciones de los tribunales de instancia el 31 de diciembre de 2025 prevista en la D.T. 1.ª de la citada norma.

---

# 1.3. Inicio del proceso monitorio y la exigencia de MASC

### ¿Es necesario MASC en los procesos monitorios?

Tras la entrada en vigor de la **LO 1/2025, de 2 de enero**, el **3 de abril de 2025**, la **admisibilidad de las demandas civiles queda condiciona al cumplimiento del requisito de procedibilidad** previsto en el **artículo 5** de la citada norma. **¿Esto qué significa?** Pues que para que la demanda planteada sea admitida es necesario que se acredite el haber intentado, con carácter previo a la misma, solucionar el conflicto a través de un medio adecuado de solución de controversias (MASC). Así se infiere del referido **artículo 5 de la LO 1/2025, de 2 de enero**, cuando dice:

> «En el orden jurisdiccional civil, con carácter general, para que sea admisible la demanda se considerará requisito de procedibilidad acudir previamente a algún medio adecuado de solución de controversias (...)».

Añadiendo en su apartado segundo:

> «Se exigirá actividad negociadora previa a la vía jurisdiccional como requisito de procedibilidad en todos los procesos declarativos del libro II y en los procesos especiales del libro IV de la Ley 1/2000, de 7 de enero, de Enjuiciamiento Civil (...)».

La regla general anteriormente expuesta tiene diversas **excepciones** que prevé el propio **artículo 5**, en sus **apartados 2 y 3**.

Pues bien, estipulado lo anterior, con carácter general debemos plantearnos ahora si **el referido requisito de procedibilidad también se aplica en el caso de los procedimientos monitorios.**

En relación con ello, las opiniones emitidas por los operadores jurídicos como consecuencia de la publicación de la LO 1/2025, de 2 de enero, y entre tanto los tribunales no se habían pronunciado al respecto, coincidían, mayoritariamente, en que **no podía exceptuarse el proceso monitorio de la exigencia de MASC, toda vez que, la LO 1/2025, de 2 de enero, contemplaba las excepciones de forma exhaustiva y entre ellas no se encontraba el proceso monitorio**.

No obstante, la anterior conclusión no impidió la **existencia de la opinión contradictoria que negaba a la exigencia de MASC en los procesos monitorios efectividad práctica**, es decir, la finalidad del proceso monitorio de agilizar los trámites, de ser un procedimiento rápido y sencillo en las reclamaciones dinerarias con documento que las justifique, parece perder sentido con la exigencia de MASC que supondría la ralentización del proceso.

En definitiva, los operadores jurídicos que se pronunciaron al respecto **defendieron la exigencia de MASC en los procesos monitorios por no existir justificación legal para incluirlo en las excepciones y ello, sin perjuicio de que con tal requisito se mermase la propia finalidad de ese tipo de procesos.**

Pues bien, los tribunales ya se han pronunciado al respecto, y así cabe traer a colación el **auto de la Audiencia Provincial de Málaga n.º 260/2025, de 6 de junio, ECLI:ES:APMA:2025:535A.** En él se pone de relieve la **obligatoriedad del MASC en los procesos monitorios** fundamentada en lo siguiente:

- La **obligatoriedad de MASC se circunscribe a los procesos declarativos del libro II y a los procesos especiales del libro IV de la LEC**, entre estos últimos se encuentra el proceso monitorio, concretamente en el capítulo I, título III, libro IV de la LEC.

- Las **excepciones al requisito de procedibilidad se contemplan de forma exhaustiva** en los apartados 2 y 3 del artículo 5 de la LO 1/2025, de 2 de enero, sin que entre ellas se haga referencia a la exclusión del proceso monitorio, como sí ocurre por ejemplo con el juicio cambiario.

- Asimismo, el artículo 5.3 de la citada ley **excluye expresamente el proceso monitorio europeo de la exigencia de MASC** cuando dispone: «*(...) Tampoco será preciso acudir a un medio adecuado de solución de controversias para presentar la petición de requerimiento europeo de pago conforme al Reglamento (CE) n.º 1896/2006 del Parlamento Europeo y del Consejo, de 12 de diciembre de 2006, por el que se establece un proceso monitorio europeo, o solicitar el inicio de un proceso europeo de escasa cuantía, conforme al Reglamento (CE) n.º 861/2007 del Parlamento Europeo y del Consejo, de 11 de julio de 2007, por el que se establece un proceso europeo de escasa cuantía*».

Por lo tanto, en el caso planteado ante la **Audiencia Provincial de Málaga**, esta **resuelve**:

> «(...) el legislador ha optado por **excluir de la necesidad de acudir a esos mecanismos negociadores a los monitorios europeos pero no así a los restantes monitorios**, ni a los genéricos, llamemós los así, ni a los especiales de propiedad horizontal, no pareciendo obedecer dicha omisión a un olvido involuntario, sino, por el contrario, a expreso deseo de separar unos de otros, de modo y manera que **si no se intenta acuerdo con un MASC, la solicitud (demanda) será inadmitida a trámite, y ese incumplimiento debe calificarse de insubsanable**, dado tratarse de requisito de procedibilidad expresamente dispuesto por ley; en definitiva, cabe afirmar que no cabe presentar una demanda judicial sin antes haber pasado por un intento de solucionar el conflicto a través de una de las vías extrajudiciales que se ofrecen en la Ley Orgánica 1/2025, en atención al principio general de derecho "*lex non distinguit, nec non distinguere debemus*", lo que nos reconduce a entender que la novedosa exigencia orgánica afecta directamente a todos los procesos monitorios, ya lo sean propios de la Ley 1/2000 o, en su caso, de la especialidad marcada por la Ley 49/1960».

---

**CUESTIÓN**

**¿Qué sucede con el juicio declarativo en el que el proceso monitorio se transforma cuando el deudor presenta escrito de oposición? ¿Será necesario MASC en este nuevo proceso?**

La respuesta de los distintos operadores jurídicos a estas cuestiones está consensuada, de modo que, entendiendo que ya está en marcha el proceso y se ha intentado el MASC en el proceso monitorio, se excluye esta exigencia en el juicio ordinario o verbal en el que se transforme.

Como complemento a lo hasta aquí expuesto, resulta interesante traer a colación la **guía sobre el procedimiento monitorio** que ha publicado el CGPJ en la que se analiza el requisito de los MASC respecto del proceso monitorio. De ella cabe extraer lo siguiente:

- El requisito de los MASC es exigible aun cuando el proceso monitorio se plantee sin abogado/a ni procurador/a, inadmitiéndose si no se cumple el requisito.

- En el proceso monitorio debe presentarse la documentación que acredite la actividad negociadora previa a la vía jurisdiccional o, en su caso, el intento de la misma. A tal efecto se acompañará a la petición inicial del proceso monitorio el documento que acredite haber intentado alguno de los MASC o la declaración responsable de imposibilidad de llevar a cabo la actividad negociadora, por no conocer el domicilio de la parte demandada o el medio por el que puede ser requerida.

Por lo tanto, la respuesta a la pregunta planteada al inicio de este texto es clara, sí, **sí es necesario el MASC en el proceso monitorio.**

## ¿Cómo se inicia el procedimiento monitorio?

El **artículo 814 de la LEC** indica que el proceso monitorio comienza **por petición inicial del acreedor,** para la que, independientemente de la cuantía, no será necesario valerse de procurador/a ni abogado/a. Así pues, la parte acreedora y la deudora podrán comparecer por sí mismas siendo de aplicación, en consecuencia, lo dispuesto en el artículo 32 de la LEC.

---

**A TENER EN CUENTA.** El apartado 5 del artículo 32 de la LEC ha sido modificado por la LO 1/2025, de 2 de enero, en vigor desde el 03/04/2025, quedando con el tenor literal siguiente:

«Cuando la intervención de abogado y procurador no sea preceptiva, de la eventual condena en costas de la parte contraria a la que se hubiese servido de dichos profesionales se excluirán los derechos y honorarios devengados por los mismos, salvo que el Tribunal aprecie temeridad o abuso del servicio público de Justicia en la conducta del condenado en costas o que el domicilio de la parte representada y defendida esté en partido judicial distinto a aquel en que se ha tramitado el juicio, operando en este último caso las limitaciones a que se refiere el apartado 3 del artículo 394 de esta ley. También se excluirán, en todo caso, los derechos devengados por el procurador como consecuencia de aquellas actuaciones de carácter meramente facultativo que hubieran podido ser practicadas por las Oficinas judiciales.

En el caso en el que, pese a no ser preceptiva la intervención de abogado o abogada ni de procurador o procuradora, el consumidor opte por valerse de estos profesionales para interponer demanda tras haber formulado una reclamación extrajudicial previa, en la tasación de costas se incluirá la cuenta del procurador y la minuta del abogado, en este último caso sin el límite establecido en el artículo 394.3».

---

En materia de postulación, resulta interesante el **auto de la Audiencia Provincial de Barcelona n.º 322/2017, de 10 de octubre, ECLI:ES:AP-B:2017:7177A**, conforme al cual:

«Como muestran las resoluciones aportadas por la parte recurrente, algunos órganos judiciales han resuelto la cuestión planteada (exigencia o no de postulación de procurador y letrado en la apelación contra la inadmisión de la petición de juicio monitorio) conforme al principio pro recurso, por entender que elrequisito de postulación no resulta de la LEC con la debida claridad. Esos tribunales consideran que **la apelación de la demandante contra el auto que deniega la admisión del monitorio, es, en realidad, una mera reiteración de la petición inicial de admisión del monitorio, formulada ahora ante otro tribunal.** Al establecer las excepciones a la regla general de postulación, ni el artículo 23 LEC ni el 31 atienden al tipo de tribunal ante el que se actúa, sino a la naturaleza del procedimiento y de la actuación concreta.

Ahora bien, la regla general de la LEC es la de comparecencia en juicio mediante procurador y letrado. Las únicas excepciones son las que regula la propia LEC y, como tales excepciones, no pueden interpretarse extensivamente. **El artículo 814.2 LEC , para el procedimiento monitorio, es más explícito que los artículos 23 y 31 LEC . Exonera de postulación de procurador y abogado exclusivamente "para la presentación de la petición inicial del procedimiento monitorio". No nos hallamos ante la presentación de la petición inicial de monitorio, sino ante la formulación de un recurso de apelación** contra la resolución judicial que, por los motivos que expone -al hacer suyas las resoluciones del letrado de la Administración de justicia anteriores-, deniega la admisión.

Si la presentación de la petición inicial de monitorio se estima, en principio, sencilla (puede extenderse en impreso o formulario que facilite expresar los datos típicos de la reclamación), la impugnación de la resolución del juzgado no puede presumirse de idéntica simplicidad, puesto que deberá rebatir los argumentos de una decisión judicial. Por ello, no podemos identificar petición inicial y recurso».

En consonancia con lo anterior cabe hacer referencia a la inadmisión, por no reunir los requisitos de postulación legalmente exigibles, del recurso de apelación planteado que se refleja en el **auto de la Audiencia Provincial de Alicante n.º 245/2024, de 20 de diciembre, ECLI:ES:APA:2024:785A**:

«En la presente alzada no estamos ante la presentación de petición inicial de monitorio, sino ante un escrito de interposición de recurso de apelación, y el mismo no viene presentado por procurador , por lo que no reúne los requisitos de postulación legalmente exigibles; en consecuencia, no debió ser admitido, pues se exige la referida representación y asistencia. Siendo que las causas de inadmisión son causas de desestimación si no hubieren sido advertidas oportunamente por el órgano competente para resolver sobre la interposición, procede desestimar el recurso interpuesto. En consecuencia, dicha causa de inadmisión se convierte en este momento procesal en causa de desestimación. ( SSTS de 24 de noviembre y 21 de diciembre de 1998, 26 de julio de 1999 y 11 de octubre de 2000, STC 231/1999)».

|| **¿Cuál es el contenido de la petición inicial del proceso monitorio?**

Conforme al artículo 814 de la LEC, en la **petición inicial del proceso monitorio** se expresará:

- La identidad del deudor.
- El domicilio o domicilios del acreedor o lugar en el que resida.
- El domicilio o domicilios del deudor o lugar en el que resida.
- El origen y cuantía de la deuda.

**A TENER EN CUENTA**. De la guía del CGPJ sobre el procedimiento monitorio se infiere la utilidad e importancia de que, junto a los datos personales y el domicilio de acreedor y de deudor, se haga constar el número de teléfono y/o la dirección de correo electrónico que permitan agilizar las comunicaciones.

Asimismo, a la petición se acompañarán los **documentos que acrediten la existencia de la deuda** previstos en el artículo 812 de la LEC.

A pesar de que el artículo 814 de la LEC no hace referencia a ello, como consecuencia de la exigencia de MASC en el proceso monitorio que ya hemos analizado, el CGPJ ha señalado la **necesidad de acompañar a la petición inicial** bien el **documento que acredite haber intentado alguno de los MASC o bien la declaración responsable de imposibilidad de llevar a cabo** la actividad negociadora. Esta última en el caso de que se desconozca el domicilio de la parte demandada o el medio por el que puede ser requerido.

**CUESTIÓN**

**¿Se pueden designar en la petición inicial del proceso monitorio varios domicilios del acreedor y del deudor?**

Sí, el acreedor en la petición inicial del proceso monitorio deberá expresar su domicilio y el del deudor pudiendo fijar varios, por orden de preferencia, reduciendo así las posibilidades de no localización del deudor.

Podría suceder que los domicilios indicados por parte del acreedor y los datos que resulten de la documentación aportada no coincidan, por lo que, en este caso el juez debería permitir la subsanación de tal circunstancia, tal y como lo dispone el artículo 231 de la LEC: «El Tribunal y el Letrado de la Administración de Justicia cuidarán de que puedan ser subsanados los defectos en que incurran los datos procesales de las partes».

La petición podrá extenderse en **impreso o formulario obtenido en papel o a través de la sede electrónica.**

**A TENER EN CUENTA**. El modelo oficial de petición inicial de proceso monitorio se encuentra disponible en la página web del Consejo General del Poder Judicial actualizado a la reforma operada por la LO 1/2025, de 2 de enero, por la que se crean los tribunales de instancia sustituyendo a los juzgados unipersonales (D.T. 1.ª y D.A. 1.ª de la LO 1/2025, de 2 de enero).

### Documentos a aportar junto con la petición inicial del procedimiento monitorio

Como se indicó anteriormente, a la petición inicial del proceso monitorio habrán de acompañarse los documentos previstos en el artículo 812 de la LEC, acreditativos de la deuda dineraria;**¿cuáles son estos?**

- Documentos, cualquiera que sea su forma y clase o el soporte físico en que se encuentren, que aparezcan firmados por el deudor o con su sello, impronta o marca o con cualquier otra señal, física o electrónica.

- Facturas, albaranes de entrega, certificaciones, telegramas, telefax o cualesquiera otros documentos que, aun unilateralmente creados por el acreedor, sean de los que habitualmente documentan los créditos y deudas en relaciones de la clase que aparezca existente entre acreedor y deudor.

- Documentos comerciales que acrediten una relación anterior duradera.

- Certificaciones de impago de cantidades debidas en concepto de gastos comunes de comunidades de propietarios de inmuebles urbanos.

Respecto de los documentos que deben aportarse con la petición inicial resulta interesante el **auto de la Audiencia Provincial de Málaga n.º 232/2025, de 21 de mayo, ECLI:ES:APMA:2025:407A,** del que se infiere que **no basta con aportar aquellos, sino que debe quedar claro que los mismos hacen referencia a la deuda reclamada**. Así señala:

> «Partimos de que **no se trata de que los documentos aportados, unilateralmente redactados o no, o que acrediten la titularidad o no de una deuda, sean insuficientes, sino que es el contenido de los mismos en cuanto a la claridad de la deuda, su liquidación e intereses y su cuantía final.** El juez a quo lo analiza así en su auto y determina que no es posible llegar a una comprensión de ello para su admisión. Esto es mucho más trascendental si nos encontramos ante una persona natural e incluso consumidor, en donde por la doctrina jurisprudencial del TJUE y española, se exige hoy en día una valoración inicial de abusividad que no podrá hacer si la documental no se acompaña de claridad de exposición. En definitiva, **no vale solo con aportar documentos sin más sino que debe quedar claro que la deuda es esa** porque así o de otra forma se liquida para poder realizar esos análisis».

En la misma línea se pronuncia la **Audiencia Provincial de Pontevedra en su auto n.º 74/2025, de 8 de mayo, ECLI:ES:APPO:2025:1164A**, añadiendo la posibilidad de subsanación del defecto:

> «6. Es por ello que, para presentar una petición monitoria, **además de aportar la documentación que sirva como principio de prueba, debe exponerse con claridad cada uno de los conceptos que es objeto de reclamación y la cláusula contractual que permite su reclamación y le sirve de fundamento**. Es decir, importe de principal, y la forma en que se determina,

cantidad relativa a intereses, remuneratorios y de demora, justificando su determinación, comisiones, y cualquier otro concepto que sea objeto de reclamación y la cláusula en que se fundamenta su reclamación.

7. Esto no se ha llevado a cabo por la parte solicitante, por lo que no procede admitir en la forma en que se presenta la petición monitoria. Sin embargo, antes de proceder a una decisión que frustra el proceso, **debe permitirse la subsanación del defecto**, conforme a lo dispuesto en el art. 231 LEC y la interpretación favorable a la tutela judicial, evitando que, obstáculos subsanables, impidan el desarrollo del proceso. Eso sí, la falta de subsanación en la forma que se exija, si puede ser causa de inadmisión».

# 1.4. Admisión de la petición, requerimiento de pago y posibles conductas del deudor

## Admisión de la petición inicial del proceso monitorio y requerimiento de pago

En virtud de lo dispuesto en el **artículo 815 de la LEC**, si los documentos aportados con la petición fueran de los previstos en el apartado 2 del artículo 812 de la LEC o constituyeren un principio de prueba del derecho del peticionario, confirmado por lo que se exponga en aquella, el letrado o letrada de la Administración de Justicia requerirá al deudor para que, en el plazo de **veinte días**:

- Bien, **pague** al peticionario, acreditándolo ante el tribunal.

- O bien, **comparezca** ante el tribunal **y alegue** de forma fundada y motivada, en **escrito de oposición**, las razones por las que, a su entender, no debe, en todo o en parte, la cantidad reclamada. En caso contrario dará cuenta al juez o jueza para que resuelva lo que corresponda sobre la admisión a trámite de la petición inicial.

La notificación del requerimiento se realizará en la forma prevista en el artículo 161 de la LEC, con apercibimiento de que, de no pagar ni comparecer alegando razones de la negativa al pago, se despachará contra él ejecución.

Entonces **¿cómo se efectúa la notificación?** Atendiendo a lo previsto en el **artículo 161 de la LEC** podemos señalar los siguientes aspectos:

- La **entrega de la notificación** se hará en alguno de los lugares siguientes:

  » En la **sede judicial electrónica.**

  » En la **sede del tribunal**.

  » En el **domicilio de la persona que deba ser notificada**, en este caso, la entrega se documentará mediante diligencia firmada por el/la funcionario/a o procurador/a que la haga y por la persona a quien se haya, constando sus datos identificativos.

- Si la persona destinataria **se niega a recibir la notificación**, se le hará saber que queda a su disposición en la oficina judicial, produciendo efectos la comunicación.

- Si **no se encuentra la persona destinataria en el domicilio** que conste como vivienda, podrá efectuarse en sobre cerrado a empleado, familiar o persona con la que conviva, mayor de catorce años, que se encuentre en él, o al conserje, en su caso. Se les advertirá de la obligación de entregar la notificación a la persona destinataria y de su responsabilidad en relación con la protección de los datos de esta.

- Si la **comunicación se dirige al lugar de trabajo no ocasional**, podrá entregarse a persona que la conozca o en la dependencia encargada de recibir documentos, si la hay.

- Si **no se encuentra a nadie en el domicilio**, el/la LAJ, funcionario/a o procurador/a intentarán averiguar si reside allí la persona destinataria, procediendo conforme a lo previsto en el artículo 161.4 de la LEC.

**CUESTIONES**

**1. ¿Es posible que se requiera a la parte demandada mediante edictos?**

La regla general prevista en el artículo 815.1 de la LEC es que no se admite que la parte demandada sea requerida por medio de edictos, no obstante, el mismo precepto en su inciso final del apartado primero establece una excepción. Así pues, el único caso en que se admite el requerimiento a la parte demandada mediante edictos es el relativo a las reclamaciones de deudas que se acrediten mediante certificaciones de impago de cantidades debidas en concepto de gastos comunes de comunidades de propietarios de inmuebles urbanos.

**2. En relación con la cuestión anterior, ¿cómo se efectúa la notificación del requerimiento en el caso de las deudas del n.° 2.° del apartado 2 del artículo 812 de la LEC?**

Conforme al apartado 2 del artículo 815 de la LEC, cuando lo que se reclame sea una deuda de las que se acrediten mediante certificaciones de impago de cantidades debidas en concepto de gastos comunes de comunidades de propietarios de inmuebles urbanos, la notificación se hará:

- En el domicilio previamente designado por el deudor a efectos de notificaciones y citaciones de toda índole relacionadas con la comunidad de propietarios.

- Si no lo hubiere designado, se intentará la comunicación en el piso o local.

- Si tampoco en la forma anterior puede hacerse efectiva la notificación, se llevará a cabo la comunicación edictal conforme al artículo 164 de la LEC.

**RESOLUCIONES RELEVANTES**

**AAP de Granada n.° 127/2025, de 4 de junio, ECLI:ES:APGR:2025:169A**

*«(...) el legislador quiso excluir aquellas reclamaciones en las cuales el promovente carece de documento prima facie justificativo de la deuda dineraria que reclama, pues el procedimiento monitorio es un procedimiento de raíz formal que, con base a la documental, permite obtener al acreedor, con la simple falta de oposición, un título ejecutivo, por lo que la existencia de la deuda y el derecho del acreedor deben resplandecer de la documentación acompañada con la solicitud.*

*Pues bien, partiendo de lo expuesto y a la vista de la documental unida a las actuaciones, que se considera principio de prueba suficiente, no compartimos la decisión de primera instancia y, en consecuencia, procede la admisión de la petición presentada en tanto que el actor ha aportado documentación suficiente y corresponderá, en su caso, al deudor oponerse y alegar las razones por las que no procede el pago, debatiéndose entonces sobre la validez del contrato, o sobre la exigibilidad o incumplimiento de la obligación, así como sobre la cuantía reclamada.*

*(...)*

*Es criterio de esta Sección que, a partir de los documentos aportados por la acreedora cabe deducir, al menos prima facietal como exige el artículo 815 de la LEC, la existencia de una relación jurídica en virtud de la que el que ha de ser requerido asumió una serie de obligaciones de pago y la existencia de una deuda dineraria determinada, en principio vencida y exigible, siendo por ello suficientes para constituir un principio de prueba del derecho del peticionario para instar el procedimiento monitorio. Más en este caso, en que no es necesario acompañar el extracto de movimientos al tratarse de un contrato de préstamo en el que las cuotas mensuales a pagar tienen el mismo importe y, se giran de forma automática por medio de recibos a la cuenta bancaria indicada por el deudor, que por ello puede conocer las cuotas adeudadas y reclamadas por el acreedor, y que, además, se detallaron en el referido cuadro de amortización.*

*En definitiva, la documentación aportada se considera suficiente y permite realizar el control de oficio de cláusulas abusivas, sin perjuicio de las razones de todo tipo que pudiera aducir el deudor para oponerse al pago, siendo que entonces su discrepancia se sustanciará por los cauces del juicio que corresponda según la cuantía».*

**AAP de Vizcaya n.º 149/2025, de 11 de junio, ECLI:ES:APBI:2025:1114A**

*«La literalidad del precepto es clara. En esta fase inicial del procedimiento monitorio es suficiente un principio de prueba del derecho del acreedor para proceder a la admisión, dejando a salvo el trámite de abusividad de cláusulas en los casos que fuera procedente. No se trata, por tanto, en esta fase de admisión de efectuar un juicio sobre el fondo ni valorar supuestos de falta de información contractual que pudieran conllevar la nulidad del contrato, para ello será necesario la oposición del deudor. En el caso de autos se ha cumplido con la documentación necesaria ya que, el contrato aparece firmado por la deudora, y al lateral de dicho contrato consta certificación emitida por Xolido Sign, que acredita la conclusión electrónica del contrato, (...).*

*Por otro lado, en el documento contractual, se relacionan los datos personales facilitados por el contratante y, además, el acreedor acompaña otro tipo de documentación habitual en este tipo de reclamaciones, tales como el extracto de movimientos o la cesión del crédito, que corroboran el principio de prueba necesario para el requerimiento de pago y existencia de la deuda.*

*(...) Por tanto, lo decisivo es que el documento aportado contenga datos que permitan al juez inferir la existencia con buena apariencia de la deuda que fundamenta la petición, así como que permitan al deudor conocer el objeto y detalle de la reclamación para que pueda organizar su defensa; (...)».*

## || Reclamación de cantidades incorrectas

El artículo 815 de la LEC, en su apartado 3, alude al caso de que **la cantidad que se reclame en el proceso monitorio resulte incorrecta** atendiendo a la documentación aportada. En estos casos el/la **LAJ dará traslado al juez o jueza, quien, mediante auto, podrá plantear al peticionario aceptar o rechazar una propuesta de requerimiento de pago** por el importe inferior al inicialmente solicitado que especifique.

**A TENER EN CUENTA**. El artículo 815.3 de la LEC también alude, en su párrafo segundo, al caso de que la deuda se funde en un contrato entre un empresario o profesional y un consumidor o usuario que, sin perjuicio de su examen en el tema correspondiente, señala:

«Igualmente, si se considerase que la deuda se funda en un contrato celebrado entre un empresario o profesional y un consumidor o usuario, el letrado o letrada de la Administración de Justicia, previamente a efectuar el requerimiento de pago, dará cuenta al juez o jueza, quien, si estimare que alguna de las cláusulas que constituye el fundamento de la petición o que hubiese determinado la cantidad exigible pudiera ser calificada como abusiva, podrá plantear mediante auto una propuesta de requerimiento de pago por el importe que resultara de excluir de la cantidad reclamada la cuantía derivada de la aplicación de la cláusula».

**Formulada la propuesta** prevista en el citado artículo 815.3 de la LEC, la parte **demandante deberá aceptarla o rechazarla en el plazo de 10 días. Pero ¿se podrá entender aceptada la propuesta de algún modo? Sí**, en el caso de que la parte demandante dejare transcurrir el plazo sin realizar ninguna manifestación. No obstante, en ningún caso se entenderá la aceptación como renuncia parcial a su pretensión por la parte demandante. Es más, la parte no satisfecha podrá ejercitar en el proceso declarativo que corresponda.

**¿Qué ocurre si resulta aceptada la propuesta?** En estos casos se requerirá de pago a la parte demandada por dicha cantidad.

En otro caso se tendrá por **desistida a la parte demandante**, la cual podrá hacer valer su pretensión solo en el proceso declarativo correspondiente. El auto dictado en este caso será directamente apelable por la parte personada en el procedimiento. En cuanto a la posibilidad de recurso, la modificación del precepto por el Real Decreto-ley 6/2023, de 19 de diciembre, en vigor desde el 20/03/2024, restringe dicha posibilidad. Así, en la anterior redacción se admitía recurso en todo caso y por cualquiera de las partes a las que el juez o jueza debían dar audiencia, mientras que en la actualidad se limita el recurso al caso de desistimiento y solo podrá recurrir la parte personada en el procedimiento, es decir, la actora (**AAP de Navarra n.º 263/2025, de 3 de julio, ECLI:ES:APNA:2025:975A**).

Pero **¿y si el tribunal no ve motivo para la reducción de la cantidad por la que se requiere de pago?** En estos casos, el tribunal lo declarará así y el/la LAJ requerirá a la parte deudora conforme a lo previsto con carácter general en el apartado 1 del artículo 815 de la LEC.

## ¿Qué puede hacer el deudor tras el requerimiento de pago?

Una vez practicado el requerimiento de pago al deudor, este podrá adoptar alguna de las conductas siguientes:

### ‖ a) Pagar

Ante el requerimiento de pago el deudor puede optar por atenderlo y proceder al pago en cuyo caso, conforme al artículo 817 de la LEC, tan pronto como lo acredite el/la LAJ acordará el archivo de las actuaciones.

En caso de atender el requerimiento de pago el deudor, **¿es posible en un posterior procedimiento ordinario que pueda reclamar contra el actor del monitorio aduciendo cuestiones que pudo ya plantear en aquel proceso?** Para responder a esta cuestión resulta interesante la **sentencia de la Audiencia Provincial de Toledo n.º 142/2010, de 20 de mayo, ECLI:ES:APTO:2010:444**:

«La cuestión no es pacífica, si bien la Sala considera que el demandado en el procedimiento monitorio tiene obligación de plantear en el mismo, aunque sea meramente enunciándolas, todas cuantas causas de oposición tenga frente a la reclamación efectuada por el demandante, es decir, si atiende el requerimiento de pago, no puede volver a plantear reclamación contra el actor respecto a la misma relación jurídica, al menos sobre cuestiones que ya existían y que conocía en el momento en que pudo oponerse al monitorio, pues carecería de sentido que no compareciendo o no atendiendo el requerimiento de pago se despache ejecución, vedando por tanto toda posibilidad de oponer posteriormente las circunstancias que pudo oponer en el monitorio, y sin embargo se admita esa posibilidad a quien si comparece y además paga, con lo que da a entender claramente que nada tiene que oponer a la reclamación efectuada.

Obsérvese que el 812 de la LEC dice que al monitorio puede acudir quien ejercite una pretensión de pago de un adeuda "vencida y exigible" y el 814 se refiere al origen y cuantía de la misma, exigiendo el 815 que el deudor pague al peticionario o comparezca y alegue, aunque sea sucintamente, las razones por las que a su entender no debe en todo o en parte la cantidad reclamada, es decir, la LEC exige al deudor que si algo tiene que oponer, lo haga ya en el monitorio, y si no lo hace y atiende el requerimiento de pago, es porque está admitiendo, tácitamente al menos, el origen y cuantía de la deuda (art. 814) y que esta es vencida y exigible (art. 812).

La anterior solución se compadece con lo dispuesto para la demanda y la reconvención en los arts 400.1 y 406.4 que exigen que en ellas se aduzcan cuantos hechos y fundamentos sustenten la pretensión, sin poder reservarlos para un ulterior proceso, lo que se complementa con lo dispuesto en el 400.2 que establece que a efectos de litispendencia y cosa juzgada, los hechos y fundamentos alegados en un litigio, se considerarán los mismos que los alegados en otro juicio anterior, si hubieran podido alegarse en este.

Guarda íntima relación con la cuestión que nos ocupa, la relativa a si en el escrito de oposición del deudor establecido en el art. 815, este debe o no alegar las razones de su oposición, señalando esta Sala en autos de 20 de Octubre de 2008 Y 12 de noviembre de 2009 que "el art. 815 señala que en el escrito de oposición el deudor ha de alegar sucintamente las razones por las que entiende que no debe la cantidad reclamada. La exigencia de exposición sucinta de los motivos de oposición es por tanto imperativo legal procesal e impone la determinación aunque sea escueta de las razones de la falta de pago por su parte de la deuda reclamada o de porque no debe la misma y en general tal exigencia legal impide que baste con afirmar de forma genérica que se formula oposición o, en los términos en que se alega en el recurso, que se manifieste en abstracto la voluntad de oponerse sin mas concreción de motivos, en tal caso así lo habría dispuesto la LEC que, por el contrario, determina que el deudor debe exponer aun resumida o sucintamente las razones de oposición, sin que ello implique como alega la recurrente que haya de contestar la demanda como si se tratase de tal tramite en el juicio declarativo correspondiente».

A TENER EN CUENTA. La **sentencia de la AP de Toledo n.º 457/2021, de 25 de marzo, ECLI:ES:APTO:2021:635**, que cita la anterior resolución, aclara: «En la actualidad el art 815.1 de la LEC tras la reforma de 2015 ya no se refiere a expresar sucintamente sino a alegar de forma fundada y motivada, en escrito de oposición, las razones por las que, a su entender, no debe, en todo o en parte, la cantidad reclamada, sentido que era el que se daba al precepto antes de la reforma».

## ‖ b) No atender el requerimiento de pago o no comparecer

En caso de que el deudor no atienda el requerimiento de pago o no comparezca, dispone el artículo 816 de la LEC que el/la LAJ:

- **Dictará decreto** dando por terminado el proceso monitorio.
- **Dará traslado al acreedor** para que inste el despacho de ejecución, pero **¿cómo se llevará a cabo lo anterior?** Pues bastará la mera solicitud de la misma sin que sea necesario que transcurra el plazo de 20 días que prevé el artículo 548 de la LEC. En este sentido señala la **Audiencia Provincial de Guipúzcoa**, en su **auto n.º 165/2025, de 16 de mayo, ECLI:ES:APSS:2025:597A**, respecto del artículo 816.1 de la LEC, que:

«El citado precepto no exige, para dotar de ejecutividad al decreto, que éste haya sido notificado al deudor, ni que sea firme. La referencia al art.548 LEC lo es a los solos efectos de excluir la necesidad del plazo de espera que establece dicho precepto para solicitar el despacho de ejecución (no a los efectos de imponer que la resolución de condena deba ser notificada al ejecutado con carácter previo a despachar ejecución), siendo de aplicación preferente al procedimiento monitorio las normas específicas que regulan el mismo y no las normas generales en materia de ejecución. Por último, el art.517.2.9º LEC considera título ejecutivo las resoluciones judiciales que por disposición de la LEC lleven aparejada ejecución, como es el caso de autos.

La innecesariedad de la firmeza del decreto que da por finalizado el procedimiento monitorio para poder instar despacho de ejecución con base en el mismo es mantenida por numerosas resoluciones de distintas Audiencias Provinciales (así, entre otras, AAP León, Sección 1ª, nº 100/2024, de 22 de julio, y las que se citan en la misma; AAP Ciudad Real, Sección 2ª, nº 100/2024, de 23 de septiembre, y las que se citan en la misma; y AAP A Coruña, Sección 5ª, nº 186/2024, de 28 de octubre)».

**¿Qué sucederá una vez despachada la ejecución?** Continuará la misma conforme a lo previsto para las sentencias judiciales, con posibilidad de oposición, si bien el solicitante del proceso monitorio y el deudor ejecutado no podrán pretender en proceso ordinario posterior la cantidad reclamada en el monitorio o la devolución de la que con la ejecución obtuviere.

Una vez se dicte el auto despachando ejecución la deuda devengará el interés previsto en el artículo 576 de la LEC, esto es, un interés anual igual al del interés legal del dinero incrementado en dos puntos o el que corresponda por pacto de las partes o por disposición de la ley.

**RESOLUCIONES RELEVANTES**

**Auto de la Audiencia Provincial de Barcelona n.º 241/2023, de 21 de septiembre, ECLI:ES:APB:2023:9662A.**

*«(...) Pues bien, según el artículo 816.1 de la LEC , "Si el deudor no atendiere el requerimiento de pago o no compareciere, el secretario judicial dictará decreto dando por terminado el proceso monitorio y dará traslado al acreedor para que inste el despacho de ejecución, bastando para ello con la mera solicitud, sin necesidad de que transcurra el plazo de veinte días previsto en el artículo 548 de esta Ley ." De este precepto parece deducirse que lo único que pretende el legislador es que ante la falta de oposición del demandado en el procedimiento monitorio se despache ejecución que en el fondo no es más que la verificación jurisdiccional de esa falta de oposición constituyendo un título ejecutivo equivalente a una sentencia de condena, como lo corrobora el apartado segundo del mismo artículo que establece que "despachada ejecución, proseguirá ésta conforme a lo dispuesto para la de sentencias judiciales, pudiendo formularse la oposición prevista en estos casos".*

*A tal conclusión se puede llegar analizando la naturaleza y notas características del procedimiento monitorio en cuanto actividad dirigida a crear un título despachando ejecución como consecuencia de la no oposición del deudor. La propia exposición de motivos de la LEC establece que "la Ley confía en que, por los cauces de este procedimiento, eficaces en varios países, tenga protección rápida y eficaz el crédito dinerario líquidos de muchos justiciables, y, en especial, de profesionales y empresarios medianos y pequeños", confiando por lo tanto a un procedimiento acelerado la tutela de estos intereses de tal forma que el deudor es colocado "ante la opción de pagar o dar razones, de suerte que si el deudor no comparece o no se opone está suficientemente justificado despachar ejecución ", ejecución que se despachará según lo dispuesto para las sentencias judiciales. Así las cosas, habiendo sido notificado al deudor el requerimiento de pago, diligencia obrante al folio 14 de las actuaciones, y siendo apercibido de las consecuencias de su falta de pago u oposición, no es preciso, ex artículo 816 LEC , la notificación del Decreto de archivo del procedimiento monitorio para procederse al despacho de ejecución, bastando con la mera solicitud del acreedor, por lo que procede estimar el recurso acogiendo favorablemente la pretensión de la parte actora"».*

**AAP de Barcelona n.º 385/2025, de 2 de julio, ECLI:ES:APB:2025:6610A**

*«(...) el acreedor puede solicitar el despacho de ejecución sin esperar al transcurso del plazo de veinte días del art. 548 LEC. Y por lo que se refiere a la notificación del decreto, cabe advertir que tampoco ésta es necesaria habida cuenta que en el requerimiento de pago que se hizo a la demandada ya se le advirtió expresamente de que si en el plazo de veinte días no acreditaba haber pagado o no se oponía, se despacharía ejecución contra sus bienes (...)».*

## || c) Formular oposición

Como se analizará en el tema correspondiente, en caso de que el deudor presente escrito de oposición en plazo, el asunto se resolverá definitivamente en el juicio que corresponda, teniendo la sentencia que se dicte fuerza de cosa juzgada (art. 818 de la LEC).

> **A TENER EN CUENTA**. El artículo 818 de la LEC ha sido modificado por la LO 1/2025, de 2 de enero, en vigor desde el 03/04/2025.

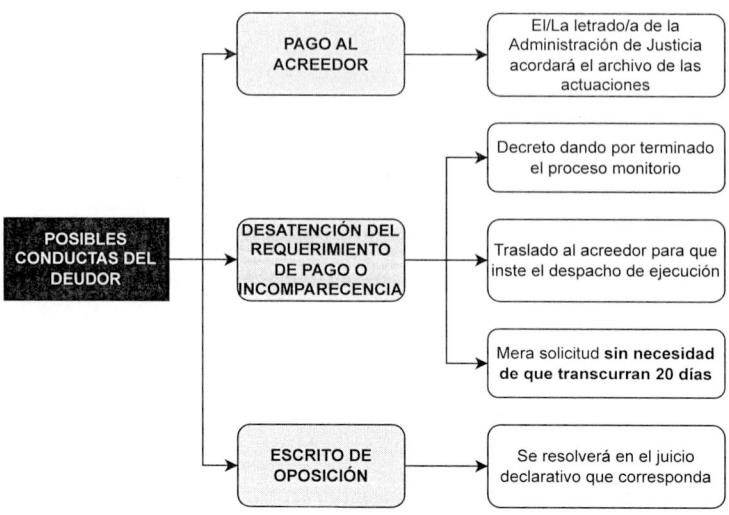

# 1.5. La oposición del deudor y transformación del proceso monitorio

### Trámite de oposición del deudor en el procedimiento monitorio

El **artículo 818 de la LEC** se ocupa de desarrollar las consecuencias que supone, en el procedimiento monitorio, la **oposición** del deudor.

> **A TENER EN CUENTA**. El artículo 818 de la LEC ha sido modificado por la LO 1/2025, de 2 de enero, en vigor desde el 3 de abril de 2025.

En este sentido, si el deudor presenta escrito de oposición dentro de plazo, esto es, 20 días desde la fecha del requerimiento de pago (art. 815.1 de la LEC), el asunto se resolverá definitivamente en el juicio que corresponda, teniendo la sentencia que se dicte fuerza de **cosa juzgada.**

**¿Cuál será el contenido del escrito de oposición?** Pues, en base al apartado 1 del artículo 815 de la LEC, el deudor deberá alegar en él de forma fundada y motivada las razones por las que, a su entender, no debe, en todo o en parte, la cantidad reclamada.

Así lo sostiene la **Audiencia Provincial de Navarra en su auto n.º 83/2019, de 29 de marzo, ECLI:ES:APNA:2019:347A**, al señalar:

> «La exigencia de que en escrito de oposición se aleguen de forma fundada y motivada las razones por las que el deudor, a su entender, no debe en

todo o en parte la cantidad reclamada, no puede ser objeto de aplicación de forma abstracta, sino que debe hacerse teniendo en cuenta la finalidad perseguida al introducirse esta exigencia en el art. 815.1 LEC por Ley 42/2015.

Dicha finalidad no es otra que posibilitar al parte que promovió el monitorio conocer con precisión la razones en que se funda la oposición, para así poder impugnarla con conocimiento de causa y sin merma de su derecho de defensa con plenas oportunidades de contradicción a la hora de combatir las causas de oposición y, en su caso, proponer las pruebas oportunas de cara a la vista cuya celebración se inste ( art. 818.2 LEC)».

En la misma línea con referencia a dicho auto resulta interesante la **sentencia de la Audiencia Provincial de Bizkaia n.º 268/2023, de 24 de octubre, ECLI:ES:APBI:2023:636**, o la **SAP de Alicante n.º 539/2024, de 3 de octubre, ECLI:ES:APA:2024:2538.**

### CUESTIONES

**1. ¿Serán necesarios abogado/a y procurador/a para presentar escrito de oposición en el proceso monitorio?**

A diferencia de lo que sucede con la presentación de la petición inicial del proceso monitorio en que no será necesario valerse de abogado/a y procurador/a cualquiera que sea la cuantía reclamada (art. 814.2 de la LEC), en caso de que se presente escrito de oposición, el artículo 818.1 de la LEC exige que el mismo se firme por dichos profesionales, si bien solo en aquellos casos en que su intervención fuese necesaria por razón de la cuantía atendiendo a las reglas generales.

Lo anterior se traduce en la **necesidad de que vaya firmado por abogado/a y procurador/a cuando la cantidad reclamada exceda de 2.000 euros** (arts. 23 y 31 de la LEC).

> **A TENER EN CUENTA**. Los artículos 23 y 31 de la LEC han sido modificados por la LO 1/2025, de 2 de enero, en vigor desde el 03/04/2025.

**2. ¿Qué sucede si la oposición del deudor se funda en la existencia de pluspetición?**

En este caso se actuará en cuanto a la cantidad reconocida como debida conforme a lo previsto en el artículo 21.2 de la LEC que señala en cuanto al allanamiento que: «Cuando se trate de un allanamiento parcial el tribunal, a instancia del demandante, podrá dictar de inmediato auto acogiendo las pretensiones que hayan sido objeto de dicho allanamiento. Para ello será necesario que, por la naturaleza de dichas pretensiones, sea posible un pronunciamiento separado que no prejuzgue las restantes cuestiones no allanadas, respecto de las cuales continuará el proceso. Este auto será ejecutable conforme a lo establecido en los artículos 517 y siguientes de esta Ley».

En resumen, **con la oposición del deudor nos encontramos ante la finalización de un proceso y el inicio de otro**, en tanto finaliza el procedimiento monitorio y se inicia el juicio que corresponda atendiendo a la cuantía reclamada, ordinario si excede de 15.000 euros, verbal si no excede de esta cantidad.

> **A TENER EN CUENTA**. Hasta el 20 de marzo de 2024, fecha en la que entra en vigor el Real Decreto-ley 6/2023, de 19 de diciembre, la cuantía reclamada no debería exceder de 6.000 euros en el supuesto de juicio verbal y exceder de dicha cantidad respecto al juicio ordinario.

Pues bien, respecto del **proceso declarativo en el que se transforma el monitorio** al que se opone el deudor, se plantea, tras la introducción del requisito de procedibilidad de los MASC por la LO 1/2025, de 2 de enero, la siguiente cuestión: **¿se necesita MASC en el nuevo proceso declarativo en el que se transforma el monitorio?** La respuesta de los distintos operadores jurídicos a esta cuestión está consensuada, de modo que, entendiendo que **ya está en marcha el proceso y se ha intentado el MASC en el proceso monitorio, se excluye esta exigencia en el juicio ordinario o verbal en el que se transforme**.

**RESOLUCIÓN RELEVANTE**

**Sentencia de la Audiencia Provincial de Jaén n.º 859/2023, de 25 de julio, ECLI:ES:APJ:2023:919**

*«"(...) en relación a los documentos a aportar para la acreditación de la deuda, en el proceso monitorio el art. 812 de la L.E.C. admite documentos de creación unilateral del actor sin que exija una acreditación o justificación clara y terminante de la deuda exigida que solo se reserva para el declarativo en función de la respuesta del deudor al requerimiento de pago. Y en el caso de oposición del monitorio conforme al artículo 818 de la LEC daría lugar a la apertura de un juicio declarativo -ordinario o verbal según su cuantía-, donde la actora podrá acreditar, con mayor fehaciencia la existencia y certeza de la deuda reclamada haciendo uso de todos los medios de prueba que estén a su alcance"».*

## Transformación del procedimiento monitorio

Tras la presentación del escrito de oposición en el procedimiento monitorio este se transformará, como ya hemos dicho, en el juicio correspondiente. Así se admiten dos posibilidades, cuales son, continuar por los trámites del juicio verbal (la cuantía no excede de 15.000 euros) o presentar demanda de juicio ordinario (la cuantía excede de 15.000 euros).

### ‖ a) Juicio verbal

En el caso de que la cuantía pretendida en el proceso monitorio **no exceda** de la propia del juicio verbal —15.000 euros—, el **letrado o letrada de la Administración de Justicia dictará decreto** por el que:

- Dará por finalizado el proceso monitorio.
- Acordará seguir los trámites previstos para el juicio verbal.

A los efectos anteriores, el/la LAJ dará traslado al actor del escrito de oposición, el cual podrá **impugnarlo por escrito en el plazo de 10 días.** Presentado el escrito de impugnación o transcurrido el plazo sin haberse efectuado, se dictará diligencia de ordenación acordando conceder a ambas partes el **plazo de 5 días a fin de que propongan la prueba que quieran practicar,** debiendo, igualmente, indicar las personas que, por no poderlas presentar ellas mismas, han de ser **citadas** por el letrado o la letrada de la Administración de Justicia a la vista para que declaren **en calidad de parte, testigos o peritos.** A tal fin, facilitarán todos los datos y circunstancias precisos para llevar a cabo la citación y podrán pedir respuestas escritas a cargo de personas jurídicas o entidades públicas, por los trámites establecidos en el artículo 381 de la LEC, continuando el procedimiento por los trámites del artículo 438.9 y siguiente de la LEC.

> **A TENER EN CUENTA**. El párrafo anterior se encuentra en vigor desde el 03/04/2025 por la modificación llevada a cabo por la LO 1/2025, de 2 de enero.

Como particularidad, el artículo 818.3 de la LEC remite, en todo caso, cualquiera que sea la cantidad reclamada, a la resolución definitiva por los trámites del juicio verbal cuando se trate de reclamaciones de rentas o cantidades debidas por el arrendatario de finca urbana y este formulare oposición.

### b) Juicio ordinario

Cuando la cuantía reclamada **exceda** de la propia del juicio verbal —15.000 euros—, el peticionario deberá interponer la **demanda correspondiente en el plazo de un mes** desde que se le dé traslado del escrito de oposición. En este sentido, puede suceder:

- **No interpone la demanda** en el plazo citado: el/la LAJ dictará decreto sobreseyendo las actuaciones y condenando en costas al acreedor.
- **Presenta** en plazo la demanda: el/la LAJ dictará decreto que pondrá fin al proceso monitorio y acordará dar traslado de la demanda a la parte demandada conforme a lo previsto en los artículos 404 y siguientes de la LEC. Si no procede la admisión de la demanda, el/la LAJ acordará darle traslado al juez o jueza para que resuelva lo que proceda.

### Relación entre el proceso monitorio y el declarativo en el que se transforma

Formulada oposición en el proceso monitorio y transformado este en un proceso declarativo, bien ordinario bien verbal, surgen dudas sobre la relación entre ambos procedimientos, **¿son procesos independientes o se relacionan entre sí?, ¿puede variarse el objeto del proceso monitorio en el proceso declarativo posterior?**

En este punto resulta interesante la postura jurisprudencial respecto del término «asunto» utilizado en el artículo 818 de la LEC, apartado primero. Así, la **sentencia de la Audiencia Provincial de León n.º 305/2025, de 9 de mayo, ECLI:ES:APLE:2025:774**, señala:

> «(...) el **"asunto"** que el art. 818 LEC señala que **se resolverá definitivamente en el juicio correspondiente** tras formalizar el deudor oposición al requerimiento de pago, se refiere al **objeto del proceso monitorio,** que en nuestro caso es la reclamación de primas con base en un contrato de seguro de crédito celebrado entre los litigantes, que **no impide que en el juicio ordinario consecutivo al monitorio, pueda ampliarse a la reclamación de otras primas derivadas de esa relación contractual de aseguramiento, pues no constituye una alteración sustancial, sino que conforma meras**

**adiciones complementarias que no varían la causa de pedir fundada en el contrato de seguro.** Debe destacarse que no se causa ninguna indefensión a la parte demandada, que frente a la demanda interpuesta puede articular los medios de defensa y de prueba que a su derecho convengan -como así ha sucedido-, teniendo el tribunal plenitud de conocimiento para el enjuiciamiento sin merma de los derechos de defensa de los litigantes. Siendo por lo demás contrario a elementales razones de economía procesal excluir ahora el conocimiento en un juicio declarativo en el que se puede resolver definitivamente sin limitaciones la controversia planteada, para relegar a un eventual juicio posterior la decisión parcial de esa controversia no juzgada multiplicando innecesariamente la actividad jurisdiccional».

De lo anterior **parece inferirse la posibilidad de alterar lo pedido en el proceso monitorio cuando se tramita el declarativo**, si bien se refiere este caso a una alteración no sustancial y se justifica por razones de economía procesal. No obstante lo anterior, cabe **negar la posibilidad de que ambos procesos tengan objeto distinto, deben hacer referencia al mismo asunto** como así se infiere del tenor literal del precepto.

En definitiva, el proceso monitorio y el declarativo en el que se transforma, si bien pueden entenderse como **independientes**, lo cierto es que son **procesos interdependientes y vinculados**, como así lo refleja la **sentencia de la Audiencia Provincial de Asturias n.º 434/2021, de 3 de diciembre, ECLI:ES:APO:2021:3908**:

«QUINTO.-Es cierto que **el proceso inicial monitorio y el posterior proceso ordinario derivado de la oposición del deudor pueden entenderse como dos procesos independientes, pero ello no supone que se trate de dos procesos desvinculados y de dos compartimentos estancos totalmente diferenciados, autónomos y sin vinculación alguna.** Para obtener esta conclusión basta con analizar el referido art. 818 LEC, donde con claridad se dice "asunto se resolverá definitivamente", lo que supone **el "asunto" es el mismo, y que la resolución se refiere a las pretensiones articuladas en la inicial pretensión monitoria**, que ante la oposición del deudor se deben de resolver de forma definitiva y con fuerza de cosa juzgada en el mismo proceso. En consecuencia, **no se puede alterar la petición inicial con nuevas reclamaciones ni la oposición con diversas excepciones, pues el "asunto" sería otro distinto.**

Aun cuando en su estructura y naturaleza procesal del juicio inicial monitorio y del posterior proceso declarativo sean diferentes, debe de reiterarse que no son dos procesos desvinculados, ni desligados, pues el art. 818.1 LEC deja claro que **son las mismas actuaciones.**

En efecto, aun cuando pueden existir criterios aislados discrepantes, lo cierto es que el mayoritario es entender la **interdependencia existente entre el proceso monitorio previo y el posterior ordinario, y la posibilidad por ello de tomar en consideración en este último la documentación adjuntada al primero.** En tal sentido se ha pronunciado además de la Sección 7ª de esta Audiencia en el precedente que recoge la recurrida, la propia Sección 5ª en su sentencia 6 de Julio de 2012, y la mayoría de las Audiencias, así entre otras la AP de Málaga en sentencia entre otras, de 12 de junio de 2020; la AP de La Coruña en la de 17 de julio de 2007, la de Valencia en la de 23 de abril de 2013, y la Audiencia Provincial de Las Palmas en sentencia de 21 de septiembre de 2011, criterio que es plenamente compartido por esta Sala

La consecuencia natural de esa vinculación procesal es que los documentos aportados con el escrito inicial del juicio monitorio constituyen elementos de prueba del posterior juicio ordinario. Así lo han venido declarando en forma absolutamente mayoritaria los tribunales, haciendo una interpretación racional del artículo 265 en relación con el 818.2 L.E.C, en base a la cual aun teniendo en cuenta la distinta naturaleza de uno y otro procedimiento, tal interpretación permite respetar plenamente al derecho de defensa de las partes, inspirada en el principio constitucional de la no indefensión, pues se trata de documentos ya en poder de la parte demandada a la que se dio traslado de la misma con la solicitud de monitorio.

Esa interpretación racional, que **permite tomar en consideración la prueba documental ya adjuntada al monitorio previo**, es de la que parte la magistrada en su resolución donde toma como base de la decisión adoptada el contrato de alquiler que permite la resolución anticipada de la que se parte en la demanda inicial ya del proceso monitorio reclamando con base en tal vencimiento declarado anticipado, declarado válido, reclamar la totalidad de las rentas pendientes».

En la misma línea la **Audiencia Provincial de Málaga** en sus **sentencias n.º 236/2025, de 26 de marzo, ECLI:ES:APMA:2025:1314**, y **n.º 149/2024, de 29 de febrero, ECLI:ES:APMA:2024:1503**, reza:

«(...) La jurisprudencia ya había exigido en varias resoluciones judiciales que en las contestaciones a las reclamaciones monitorias era preciso alegar de forma fundada y motivada las razones de oposición al escrito de la petición monitoria. Ello evidencia que **el subsiguiente juicio no es autónomo e independiente del proceso monitorio precedente, sino que es una continuación del mismo, como consecuencia de la oposición desplegada por el deudor, y es claro que los motivos alegados por el demandado en su oposición y no otros distintos, serán los que delimitarán, junto a los hechos de la demanda, el ámbito objetivo del debate litigioso. No se puede admitir, por tanto, la desconexión entre la oposición al monitorio y la posterior contestación a la demanda,** sea en juicio verbal u ordinario, pues ello supondría un fraude de Ley y una efectiva anulación de lo dispuesto en la LEC, art. 815. Del mismo modo **tampoco puede ser admitida una oposición tan genérica que pueda después en la contestación dar cabida a cualquier motivo de oposición.** Tal circunstancia se traduce a efectos prácticos, y en lo que ahora interesa, en la imposibilidad de introducir por parte de la demandada argumentos nuevos no aducidos en el de oposición. Ello significa que como razones obstativas a la virtualidad de la demanda formulada sólo podrán tenerse en cuenta los motivos de oposición que en su momento se adujeron en el juicio monitorio, quedando cualquier otro, "extramuros" al constituir cuestiones nuevas, sobre las que reiterada jurisprudencia proclama su inidoneidad. Tal es el criterio mayoritario de las Audiencias Provinciales, pues entenderlo de otro modo comportaría la indefensión del actor, quedando así conformada la "litis contestatio". Por tanto, esta **correlación procesal permite sostener que el juicio declarativo posterior no es autónomo e independiente del monitorio, sino que es su continuación, y que nace de la oposición manifestada por el deudor en el juicio monitorio que sirve, en este caso, de antesala o pórtico al declarativo.** Para obtener esta conclusión basta con analizar el referido art. 818 LEC, donde con claridad se dice "el asunto se resolverá definitivamente", lo que supone que el "asunto" es el mismo, y que la resolución se refiere a las pretensiones articuladas en la inicial pretensión monitoria que, ante la oposición del deudor, se deben de resolver de forma definitiva y con fuerza de cosa juzgada en el mismo proceso. En consecuencia, no se puede alterar la petición inicial con nuevas reclamaciones ni la oposición con diversas excepciones, porque el "asunto" sería ya otro distinto (...)».

## ‖ ¿Es posible la reconvención en el proceso monitorio?

Analizada la transformación del procedimiento monitorio en el proceso ordinario que corresponda, una cuestión que se plantea, en cuanto a la nueva tramitación, es **si se admite la posibilidad de presentar reconvención en el proceso monitorio**.

El parecer mayoritario es admitir tal posibilidad, si bien la reconvención no podrá alterar el procedimiento a seguir, así lo admite la Audiencia Provincial de Barcelona, como se refleja, a título de ejemplo, en su **sentencia n.º 227/2025, de 30 de abril, ECLI:ES:APB:2025:4023**. En la misma línea se pronuncia el **auto de la Audiencia Provincial de Lleida n.º 223/2025, de 21 de agosto, ECLI:ES:APL:2025:454A**.

Por su parte, la **Audiencia Provincial de Madrid, en su sentencia n.º 335/2022, de 14 de julio, ECLI:ES:APM:2022:11082**, pone de relieve, de un lado, la ausencia de problemas a la hora de admitir la posibilidad de reconvención cuando haya de transformarse en juicio ordinario y, de otro, la existencia de más dudas en relación con el juicio verbal, así:

> «(...) cuestión nuclear de la contienda en esta alzada bascula sobre la procedencia de la formulación en juicio monitorio de demanda reconvencional.
>
> Como señala la SAP Murcia, Sección 1, de 21 de diciembre de 2020, rec. 610/2020, la **reconvención en el proceso monitorio no está expresamente prevista en nuestra ley procesal**. Sin embargo, hay que partir del hecho de que el artículo 818 LEC remite cuando se formula oposición al trámite procedimental que corresponda según la cuantía de la petición inicial formulada. **Ningún problema existe en relación al juicio ordinario, dado que al tener que presentarse nueva demanda por la actora, se acomodará desde el principio a los trámites procesales de dicho procedimiento, por lo que el demandado tendrá que formular expresa reconvención en los términos del artículo 406 LEC junto con la contestación de la demanda.**
>
> Mayores problemas se plantean en relación con la **posibilidad de reconvención en el caso de que la cantidad reclamada en el monitorio sea la propia de un juicio verbal**, como ocurre en este caso. **Sí la parte actora hubiese presentado demanda de juicio verbal, sí sería admisible la reconvención al amparo de lo previsto en el artículo 438.2.2º LEC**, en relación

a la acción articulada en la demanda reconvencional que contrariamente a lo que alega el apelado, lo es tan solo la de nulidad del contrato por usurario conforme a la Ley especial, como se desprende con claridad de la fundamentación y suplico de la reconvención, que es procedimiento que se sigue por razona de la cuantía, en este caso verbal por ser el contrato cuya nulidad se pretende de cuantía inferior a 6000 € [15.000 € a partir del 20 de marzo de 2024]».

El instituto de la reconvención tiene como fundamento otorgar al demandado la posibilidad de que reaccione frente a la acción dirigida contra él, ejercitando otra que le competa contra el demandante, a fin de que la resolución que se dicte resuelva la contienda en su integridad, siempre que se cumplan las exigencias legales propias de toda reconvención. **Impedir al demandado que, caso de que se haya promovido solicitud de procedimiento monitorio, pueda accionar contra el solicitante-actor, formulando la reconvención que le sería permitida si éste hubiera presentado demanda de juicio verbal, supone una peligrosa división de la continencia de la causa, la posibilidad de fallos contradictorios y, en definitiva, obligar a las partes a recurrir a dos procedimientos para solucionar la controversia,** el verbal seguido a consecuencia de la solicitud de monitorio y el posterior, que podría evitarse aceptando la reconvención en el escrito de oposición. Por ello, y dado que la tramitación del juicio verbal sí que la permite, se ha de considerar desde una perspectiva integradora y de salvaguarda de los intereses del opositor reconviniente, así como también de economía procesal, que **es admisible la reconvención formulada en el escrito de oposición,** del que, según el indicado art. 818.2 LEC, y previo examen de su admisibilidad, se dará, en su caso, traslado al actor, que podrá impugnarla en plazo de diez días, con la posibilidad de que sea contestada dicha reconvención, ex art. 438.2, segundo inciso LEC. Para ello, como se afirma en la SAP Alicante (9ª) 444/18, de 5 de octubre, debe tenerse en cuenta "... el **paralelismo que ahora existe entre el 'escrito de oposición' y la 'contestación a la demanda', con lo cual consideramos admisible formular reconvención a continuación del escrito de oposición, siempre que no determine la improcedencia del juicio verbal...".**

Por tanto, para la validez de la reconvención en los monitorios que deben continuar tramitándose por el juicio verbal es imprescindible que el deudor requerido de pago haya, en su escrito de oposición, solicitado una condena expresa a la parte actora y que la misma guarde directa relación con lo reclamado en la demanda de juicio monitorio, dado el ya destacado paralelismo entre el escrito de oposición y la contestación a la demanda del juicio verbal por razón de su contenido, requisitos ambos que concurren en el presente caso».

**RESOLUCIÓN RELEVANTE**

**Sentencia de la Audiencia Provincial de Tarragona n.° 548/2023, de 16 de noviembre, ECLI:ES:APT:2023:1557**

*«En orden a la estimación de la reconvención, plantea la parte recurrente como motivo de impugnación que la reconvención no debía haberse admitido a trámite en juicio monitorio. Si bien se han verificado posturas encontradas sobre la admisión de reconvención al oponerse en juicio monitorio, es admisible para*

*esta Sala la que sostiene su admisibilidad El art. 818 LEC , en caso de oposición, permite continuar la tramitación del procedimiento monitorio por los cauces de juicio verbal, cuando la cuantía no excede de los límites de ese proceso, donde sí se regula expresamente la posibilidad de reconvención en el artículo 438. 2 de la LEC. Con la reforma operada en la LEC por Ley 42/2015, de 5 de octubre, se equipara el escrito de oposición al juicio monitorio al escrito de contestación a la demanda al exigir que el demandado alegue de forma fundada y motivada, en escrito de oposición, las razones por las que, a su entender, no debe, en todo o en parte, la cantidad reclamada, de acuerdo con el artículo 815.1 de la LEC. (...) Remitida la tramitación a un juicio verbal y no producida indefensión alguna para la parte actora que puede contestar a la reconvención al darse el traslado previsto para la impugnación de la oposición de acuerdo con el artículo 818.2 de la LEC, se trata de no limitar los medios de defensa ordinarios del demandado, imponiéndose la conveniencia de admitir la reconvención por razones evidentes de economía procesal.*

*En todo caso como señala el artículo 438.2 de la LEC se admitirá la reconvención siempre que no determine la improcedencia del juicio verbal y exista conexión entre las pretensiones de la reconvención y las que sean objeto de la demanda principal (...)».*

Resuelta la cuestión anterior, respecto a cuál es el momento idóneo para interponer la demanda reconvencional cuando el proceso monitorio inicial se transforma en juicio verbal, hay que señalar distintas posturas en la jurisprudencia menor, que aparecen claramente analizadas en la **sentencia de la Audiencia Provincial de Madrid n.º 155/2019, de 9 de mayo, ECLI:ES:APM:2019:13000**, citando muchas otras, y se pueden resumir de la siguiente manera:

- **No admitir demanda reconvencional cuando el juicio verbal proceda de un procedimiento monitorio.** Si bien, como ya se ha visto anteriormente, esta postura se rechaza mayoritariamente por razones de economía procesal y desde una perspectiva integradora.

  «A la vista de esos preceptos se concluye que no parece posible plantear la reconvención en el procedimiento monitorio, en el que cerrada la fase de ejecución y abierta la fase declarativa ésta deba seguirse por los trámites del juicio verbal, pues partiendo de que la reconvención no puede formularse en el escrito de oposición al requerimiento de pago, dado que el mismo tiene como objeto exclusivo el que el demandado de forma sucinta exprese los motivos de su oposición, y toda vez que en la redacción actual del art. 818 de la Ley Procesal Civil tras el escrito de impugnación se dispone que se procederá a la celebración de la vista en el caso de haberlo solicitado en el escrito de oposición o en el de impugnación de ésta, se concluye que no hay un trámite para contestar la impugnación, momento en que se podría formular la reconvención, contrariamente a lo que ocurre en el art. 438 de la Ley Procesal citada en el que de la demanda de juicio verbal se le da traslado al demandado para que conteste por escrito, pudiendo formular en la contestación la reconvención, que se admitirá a trámite siempre que concurran los requisitos establecidos en el precepto y de la que se dará traslado al actor.

De todo ello se concluye que, tratándose de proceso monitorio que deviene en juicio verbal, no es posible la formulación de la reconvención, puesto que tras el escrito de impugnación se procede a la celebración de la vista, momento en que no puede formularse aquélla».

- **La demanda reconvencional puede interponerse en el escrito de oposición al juicio monitorio, pero no en la vista.**

«Se destacaba el paralelismo que ahora existe entre el "escrito de oposición" y la "contestación a la demanda", con lo cual se consideraba admisible formular reconvención a continuación del escrito de oposición, siempre que no determine la improcedencia del juicio verbal.

Impedir al demandado que, caso de que se haya promovido solicitud de procedimiento monitorio, pueda accionar contra el solicitante-actor, formulando la reconvención que le sería permitida si este hubiera presentado demanda de juicio verbal, supondría una peligrosa división de la continencia de la causa, la posibilidad de fallos contradictorios y, en definitiva, obligar a las partes a recurrir a dos procedimientos para solucionar la controversia, el verbal seguido a consecuencia de la solicitud de monitorio y el posterior, que perfectamente, y del modo indicado, podría evitarse aceptando la reconvención en el escrito de oposición».

- **El escrito de oposición al juicio monitorio no es equiparable a la contestación, por lo que debe formularse en la vista.**

«Se entiende que el escrito de oposición no constituye la correspondiente contestación a la demanda, pues ésta se ha de deducir con posterioridad, en el momento procesal oportuno, esto es, en el acto de la vista -en el supuesto del Juicio Verbal- o dentro del plazo establecido en el artículo 404 de la Ley de Enjuiciamiento Civil —en el supuesto del Juicio Ordinario—.

Consecuentemente, tampoco cabe atribuir a dicho escrito de oposición el carácter de demanda reconvencional, pues la reconvención -como nueva pretensión, conexa con la principal, ejercitada por el demandado frente al actor (y, en su caso, otros sujetos) dentro del mismo proceso- ha de formularse al contestar la demanda, deduciéndola de modo expreso y con separación de la contestación, no siendo admisible en nuestro ordenamiento procesal vigente -y a diferencia de lo que acontecía en el anterior derogándola denominada reconvención implícita, tal y como se infiere, de modo indubitable, de lo dispuesto por el artículo 406 de la vigente Ley de Enjuiciamiento Civil.

El escrito de oposición a la petición inicial no tiene más virtualidad que la de transformar el proceso declarativo especial en el proceso declarativo ordinario que corresponda por razón de la cuantía».

La conclusión a la que llega la citada **sentencia de la Audiencia Provincial de Madrid n.º 155/2019, de 9 de mayo, ECLI:ES:APM:2019:13000**, a la vista de las anteriores posturas y para el caso que plantea es que «(...) *únicamente en el escrito de oposición puede formularse demanda reconvencional, sin que sea viable en ningún trámite procesal posterior(...)*».

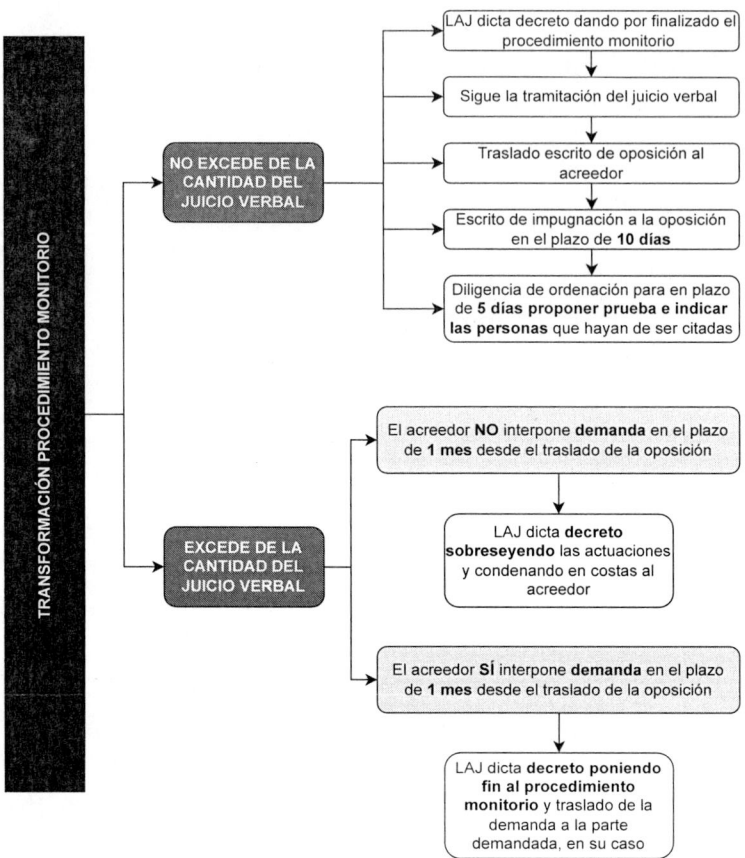

# 1.6. ¿Son posibles las medidas cautelares en el procedimiento monitorio?

La adopción de medidas cautelares en el procedimiento monitorio es, cuanto menos, un tema controvertido, pues la jurisprudencia está dividida con respecto a la adopción de este tipo de medidas en este procedimiento.

En primer lugar, cabe atender al tenor literal del apartado primero del **artículo 721 de la LEC,** que dispone que: *«Bajo su responsabilidad, todo actor, principal o reconvencional, podrá solicitar del Tribunal, conforme a lo dispuesto en este título, la adopción de medidas cautelares que considere* *necesarias para asegurar la efectividad de la tutela judicial que pudiera otorgarse en la sentencia estimatoria que se dictare».*

De acuerdo con la jurisprudencia, las características de las medidas cautelares deben de ser siempre **la instrumentalidad, la provisionalidad, la temporalidad, la variabilidad y la proporcionalidad (auto de la Audiencia Provincial de A Coruña n.º 145/2005, de 21 de diciembre, ECLI:ES:APC:2005:103A):**

> «Las características de toda medida cautelar son la instrumentalidad, limitación, temporalidad y provisionalidad (art. 726 LEC), y han de acreditarse los requisitos legales de la apariencia de buen derecho ("fumus boni iuris"), peligro de la duración del proceso ("periculum in mora") y, por lo general, prestación de caución (728). Se trata de garantizar la efectividad práctica de la tutela judicial que pudiera otorgar la sentencia a la parte demandante y siempre que, como regla general, la situación de hecho a alterar cautelarmente no haya sido consentida durante largo tiempo (en especial, 726.1-1ª y 728.1). En cuanto al "fumus", aunque "sin prejuzgar el fondo del asunto", ha de permitir al tribunal extraer un "juicio provisional e indiciario favorable" al fundamento de las pretensiones del demandante (728.2), por lo que no cabe exigir para decidir una prueba plena ni una certeza o resolución anticipada del litigio o una valoración fáctica y jurídica completa propia de la sentencia, sino desde un plano meramente inicial e indiciario y, sin perjuicio de lo que, en su caso, resulte del proceso y se decida sobre el fondo en la sentencia. Y por lo que atañe al "periculum", solo podrán acordarse si resulta justificado indiciariamente que, de no adoptarse las medidas, podrían producirse durante la pendencia del proceso "situaciones que impidieren o dificultaren la efectividad de la tutela que pudiere otorgarse en una eventual sentencia estimatoria" (728.1)».

En la misma línea, el **auto de la Audiencia Provincial de Málaga n.º 412/2023, de 31 de julio, ECLI:ES:APMA:2023:1872A**, prevé:

> «(...) son características de las medidas cautelares su provisionalidad, su accesoriedad, su instrumentalidad y su modificabilidad, a las que se refieren los arts. 726 y 731 de la LEC, en cuanto que deben ser exclusivamente conducentes a hacer posible la efectividad de la tutela judicial que pudiera otorgarse en una eventual sentencia estimatoria sin prejuzgar el fondo del asunto, de modo que no pueda verse impedida o dificultada por situaciones producidas durante la pendencia del proceso correspondiente, debiendo adoptarse siempre la medida menos gravosa o perjudicial para el demandado y, en todo caso, con carácter temporal y por ende provisional, condicionado al resultado del proceso principal y susceptible de modificación y alzamiento».

Asimismo, resulta interesante el análisis que efectúa el **auto de la Audiencia Provincial de Madrid n.º 402/2024, de 3 de octubre, ECLI:ES:APM:2024:5068A.**

Para que se pueden adoptar medidas cautelares se requiere que concurran las siguientes premisas, de acuerdo con el artículo 728 de la LEC:

- De no adoptarse las medidas cautelares podrían darse situaciones que impidieren o dificultaren la efectividad de la tutela que pudiere otorgarse en una eventual sentencia estimatoria.

- Apariencia de buen derecho.

- El solicitante de la medida deberá prestar caución suficiente para responder de manera rápida y efectiva, de los daños y perjuicios que la adopción de la medida cautelar pudiera causar al patrimonio del demandado.

Respecto del apartado 2 del artículo 728 de la LEC, la **sentencia del Tribunal Superior de Justicia de Madrid n.º 310/2023, de 3 de mayo, ECLI:ES:TSJM:2023:5165**, señala:

«(...) Como dice el artículo 728.2 LEC, se exige al solicitante de la medida la aportación de prueba de convicción para que el órgano judicial pueda decidir sobre la procedencia de la misma a través de un juicio indiciario y provisional favorable a la pretensión principal que es la que se quiere proteger, razón por la que no solo se permite sino que es necesaria la práctica de prueba en el incidente de medida cautelar para que el mismo pueda resultar fructífero; esta prueba estará muchas veces relacionada con la pretensión de fondo inevitablemente porque es necesario justificar la apariencia de que el derecho reclamado es viable, aunque según cada caso concreto será necesario justificar otras circunstancias que modulen la posible medida adoptada, y en esa tensión inevitable entre la exigencia y necesidad de prueba de la procedencia de la medida cautelar y la limitación de su alcance con restricción lógica de que la adopción de la medida no sea ya una anticipación del resultado de la pretensión principal, para que la decisión judicial traspase la línea de lo que es prejuzgar el litigio sobre el derecho reclamado tiene que concurrir una evidente, clara, y rotunda actuación decisoria que de hecho, en lo material, sea de tal contundencia que se haga evidente que al resolver la medida provisional se esté resolviendo la reclamación principal, algo que no resulta de la mera coincidencia de los efectos de la medida cautelar con los efectos del Fallo de la sentencia ya que no solo es posible sino que en la mayoría de los casos debería ser lo más consecuente si efectivamente existía una apariencia de buen derecho que luego se confirma».

Sintetiza, así, la Audiencia Provincial de Girona los **presupuestos de las medidas cautelares** en los siguientes términos (**AAP de Girona n.º 390/2024, de 9 de octubre, ECLI:ES:APGI:2024:1777A**):

«De acuerdo con el art. 728 LEC, la adopción de medidas cautelares requiere la concurrencia de los siguientes presupuestos:

1) **Peligro por la mora procesal o periculum in mora**: consistente en el riesgo que pudiera suponer para una eventual sentencia estimatoria la demora del proceso o la concurrencia de situaciones que, durante la pendencia del mismo, impidieren o dificultaren la efectividad de la tutela pretendida.

2) **Apariencia de buen derecho o fumus boni iuris**: consistente en datos, argumentos y justificaciones, documentales o no, que conduzcan a fundar, por parte de este Juzgador, sin prejuzgar el fondo del asunto, un juicio provisional e indiciario favorable al fundamento de la pretensión principal.

3) Ofrecimiento de **caución suficiente**: en orden a responder, de manera rápida y efectiva, de los daños y perjuicios que la adopción de la medida cautelar pudiera causar al patrimonio del demandado. Más que un presupuesto

para la adopción, se erige en un requisito para la ejecución, de manera que bastará en un primer momento con su ofrecimiento, condicionándose la ejecución de las medidas a la efectiva prestación ( arts. 735.2 y 737 LEC).

Por otro lado, la adopción de medidas cautelares también está sometida al presupuesto o requisito de que las mismas cumplan con los parámetros establecidos en el artículo 726 LEC, que son:

1) **Instrumentalidad y proporcionalidad:** en el sentido de que la medida sea útil y adecuada para lograr la efectividad de la tutela de la pretensión principal ejercitada. La proporcionalidad está en íntima conexión con la instrumentalidad, ya que difícilmente una medida desproporcionada puede resultar adecuada para la finalidad cautelar.

2) **Menor onerosidad**: en el sentido de que no exista otra medida cautelar menos gravosa que la solicitada para la consecución de la finalidad cautelar.

La concurrencia de todos estos presupuestos y requisitos es lo que debe analizarse a la hora de conceder o denegar la adopción de las medidas cautelares».

**RESOLUCIÓN RELEVANTE**

**Auto del Juzgado de lo Mercantil de Alicante n.º 168/2023, de 13 de julio, ECLI:ES:JMA:2023:2264A**

*«En función de lo dispuesto en los artículos 726 y 728 de la LEC, la adopción de medidas cautelares requiere la concurrencia de los siguientes presupuestos:*

*1) Apariencia de buen derecho o fumus boni iuris: consistente en datos, argumentos y justificaciones, documentales o no, que conduzcan a fundar, por parte de este Juzgador, sin prejuzgar el fondo del asunto, un juicio provisional e indiciario favorable al fundamento de la pretensión principal.*

*2) Peligro por la mora procesal o periculum in mora: consistente en el riesgo que, para la efectividad de una eventual sentencia estimatoria de la pretensión principal, pudiera suponer la demora del proceso o la concurrencia de situaciones que, durante la pendencia del mismo, impidieren o dificultaren la efectividad de la tutela pretendida. Al tratarse de una medida cautelar previa a la demanda, deben argumentarse, conforme al artículo 730.2 de la LEC, las razones de urgencia y necesidad que justificarían adoptar en este momento procesal, sin esperar a la presentación de la demanda correspondiente, las medidas cautelares interesadas.*

*3) Prestación de caución suficiente: en orden a responder, de manera rápida y efectiva, de los daños y perjuicios que la adopción de la medida cautelar pudiera causar al patrimonio del demandado.*

*4) Instrumentalidad y proporcionalidad: en el sentido de que la medida sea útil y adecuada para lograr la efectividad de la tutela de la pretensión principal ejercitada. La proporcionalidad está en íntima conexión con la instrumentalidad, ya que difícilmente una medida desproporcionada puede resultar adecuada para la finalidad cautelar.*

*5) Menor onerosidad: en el sentido de que no exista otra medida cautelar menos gravosa que la solicitada para la consecución de la finalidad cautelar».*

Entonces **¿qué ocurre con las medidas cautelas en los procedimientos monitorios?** Como ya se ha adelantado, la solicitud de medidas cautelares en un procedimiento monitorio tiene tanto a la jurisprudencia como a la doctrina dividida.

El origen de tal división radica en considerar si el juicio monitorio es un juicio declarativo, o si por el contrario no lo es, es decir, **los que defienden que este tipo de procedimiento no es un juicio declarativo consideran que no procede la solicitud de las medidas cautelares dentro del mismo**, en cambio, **la parte de la jurisprudencia y doctrina que sí consideran que este es un procedimiento declarativo, apoyan la tesis de adopción de medidas cautelares dentro de este**.

Sí que es cierto que el procedimiento monitorio es un procedimiento declarativo especial, sin embargo, una parte de la jurisprudencia considera que el procedimiento monitorio no puede considerarse un juicio declarativo por carecer de fase declarativa, pues su finalidad es precisamente la de evitar un proceso. En este sentido se ha pronunciado el **auto de la Audiencia Provincial de Ciudad Real n.º 127/2009, de 16 de noviembre, ECLI:ES:APCR:2009:523A**, que señala al respecto:

> «Sin embargo, **no podemos compartir tal posición doctrinal que parte de una equiparación del juicio monitorio a los procedimientos declarativos** cuando evidentemente **el juicio monitorio no consiste sino en un requerimiento de pago, sin posibilidad de contradicción y, por tanto, de verdadera fase declarativa**. Su finalidad declarada es precisamente evitar el proceso, buscando el reconocimiento y pago de la deuda o la constitución de un título ejecutivo por la sola negativa del deudor a abonar la deuda, salvo cuando se opone al pago, en cuyo caso sí se abre un verdadero proceso declarativo. Y tanto es esto así que en la reforma operada a través de la Ley 13/09, de reforma de la legislación procesal para la implantación de la nueva oficina judicial, ya publicada y que entrará en vigor en breve, tal requerimiento de pago se asigna al Secretario Judicial, precisamente desde el entendimiento de que no estamos ante una actividad puramente jurisdiccional».

Las audiencias provinciales exponen como argumentos que justifican la **no adopción** de las medidas cautelares los siguientes (**auto Audiencia Provincial de Tarragona, rec. 158/2003, de 17 de noviembre, ECLI:ES:APT:2003:403A**):

- La brevedad del procedimiento monitorio que debilita el presupuesto de *periculum in mora*.
- En los artículos 721 y 726 de la LEC se condiciona la adopción de cualquier medida cautelar a hacer posible la efectividad de la tutela que se contenga en una sentencia estimatoria cuando en el proceso monitorio no existe sentencia alguna.
- La accesoriedad de toda medida cautelar que hace que esta deba alzarse cuando el proceso finaliza.
- La dificultad de proveer a la contradicción que el artículo 733 de la LEC exige antes de la adopción de toda medida cautelar.

En sentido contrario, las que sostienen la posibilidad de adopción de las medidas cautelares dentro del procedimiento monitorio, argumentan que el mismo es un proceso declarativo ya que no se parte de un título ejecutivo, sino que lo que se busca con el referido procedimiento es crear dicho título. Cabe mencionar el **auto dictado por la Audiencia Provincial de Zaragoza n.º 643/2002, de 8 de noviembre, ECLI:ES:APZ:2002:575A**:

> «(...) el Proceso Monitorio (una de las "estrellas" de la nueva L.E.C.) busca la protección rápida y eficaz del crédito dinerario líquido representado documentalmente, agilizando el cobro de los créditos del pequeño y mediano empresario. Sin embargo, esta finalidad no debe confundirnos en cuanto a la naturaleza jurídica del procedimiento monitorio. Doctrinalmente existe un acuerdo mayoritario, si no unánime, en el sentido de considerar el proceso monitorio como "declarativo". No tanto en el sentido recogido en el art. 248 L.E.C, sino en cuanto que opuesto a proceso "ejecutivo". (...)
>
> (...)
>
> (...) **Las medidas cautelares** no están reguladas en el libro dedicado a los procesos declarativos (libro II), sino en un libro independiente (libro III) que hace referencia a medidas concretas de ejecución. Por ello no hay razón para pensar que sólo son aplicables a los juicios declarativos. La propia Exposición de Motivos afirma que respecto a las medidas cautelares "esta Ley las regula en un conjunto unitario de preceptos, del que sólo se excluyen...los relativos a las medidas específicas de algunos procesos civiles especiales". Es decir, **se regulan genéricamente, para todo proceso, salvo para ciertos procesos especiales que tienen sus específicas medidas cautelares. Por lo tanto, a contrario sensu, si un proceso no tiene medidas cautelares específicas** (el embargo preventivo lo es en el juicio Cambiario), **podrá beneficiarse de los generales de los arts. 721 y sgs. L.E.C.».**

Asimismo, resulta interesante el **AAP de Madrid n.º 162/2005, de 12 de septiembre, ECLI:ES:APM:2005:7526A**, al establecer:

> «Se argumenta que existen razonamientos de naturaleza sistemática que apoyan la **tesis favorable a la adopción de medidas cautelares en el proceso monitorio puesto que las mismas se encuentran reguladas en un libro independiente que hace referencia a medidas concretas de ejecución y que por ello no existe razón alguna para pensar que solo son aplicables a los procesos declarativos tipo,** (...), destacando la finalidad de toda medida cautelar que es **asegurar la efectividad de la tutela judicial que pudiera otorgarse en la sentencia estimatoria** que se dicte, no pudiendo comprenderse que dicha garantía solo pueda pedirse en el ordinario o el verbal puesto que el plazo de 20 días que tiene el deudor para oponerse es suficiente para hacer inefectiva la sentencia definitiva que se dicte. Con el proceso especial monitorio se pretende la **protección rápida y eficaz el crédito dinerario líquido de muchos justiciables y, en especial, de profesionales y empresarios medianos y pequeños.**
>
> En dicho proceso, tras solicitud en la que se aporten documentos de los que resulte una base de buena apariencia jurídica de la deuda, se coloca al deudor ante la opción de pagar o "dar razones", y por lo tanto si el deudor "da razones", es decir, se opone, su discrepancia con el acreedor se sustancia por los cauces procesales del juicio que corresponda por razón de la cuantía reclamada, juicio que es entendido como proceso ordinario

y plenario y encaminado, por tanto, a finalizar, en principio, mediante sentencia con fuerza de cosa juzgada y, en cambio, si el deudor no comparece o no se opone se despacha ejecución según lo dispuesto para las sentencias judiciales. En atención a todo lo expuesto solo puede concluirse que **nada impide que en este proceso especial se adopten medidas cautelares, puesto que ni la ley lo prohíbe ni resultan incompatibles con la naturaleza de dicho procedimiento, y no puede olvidarse que las medidas cautelares son parte integrante del derecho a la tutela judicial efectiva y que nada justificaría que si el actor opta por el proceso monitorio ello le suponga una renuncia a la adopción de medidas cautelares y en definitiva al aseguramiento del efectivo cumplimiento de la tutela que solicita,** puesto que con ello se mermaría la protección eficaz del crédito dinerario líquido pretendida mediante la introducción en nuestro ordenamiento jurídico de este proceso especial».

Por último, es importante señalar en este sentido el pronunciamiento del **Tribunal Constitucional en su sentencia n.º 238/1992, de 17 de diciembre, ECLI:ES:TC:1992:238,** que considera que las medidas cautelares son parte integrante del derecho a la tutela judicial efectiva y responden a la necesidad de asegurar, en su caso, la efectividad del pronunciamiento futuro del órgano jurisdiccional. Establece, así:

«(...) como todas las medidas cautelares, **responde así a la necesidad de asegurar, en su caso, la efectividad del pronunciamiento futuro del órgano jurisdiccional: esto es, de evitar que un posible fallo favorable a la pretensión deducida** quede (contra lo dispuesto en el art. 24.1 C.E.) desprovisto de eficacia por la conservación o consolidación irreversible de situaciones contrarias al derecho o interés reconocido por el órgano jurisdiccional en su momento».

En definitiva, pese a la existencia de interpretaciones contrarias a la solicitud de medidas cautelares en un procedimiento monitorio, entendemos que las mismas se pueden solicitar e incluso acordar, pero siempre que se cumplan los requisitos y presupuestos establecidos en la ley y con el fin de asegurar la efectividad de la futura resolución que se dicte, garantizando de esta manera el derecho a la tutela judicial efectiva.

# 2.
# EL PROCEDIMIENTO MONITORIO ESPECIAL DE PROPIEDAD HORIZONTAL: LA RECLAMACIÓN DE DEUDAS EN COMUNIDADES DE PROPIETARIOS

## Reclamación de deudas en comunidades de propietarios por los cauces del procedimiento monitorio

A través de este procedimiento monitorio «especial» de propiedad horizontal, una comunidad de propietarios acreedora puede reclamar a los propietarios de inmuebles pertenecientes a la comunidad, las deudas derivadas de los gastos comunes del edificio al que pertenece dicho inmueble.

Dada la importancia de la contribución de los propietarios a los gastos de la comunidad de propietarios, el apartado 1 del art. 21 de la LPH faculta a la comunidad a adoptar medidas disuasorias frente a la morosidad, citando como ejemplo el establecimiento de intereses superiores al interés legal o la privación temporal del uso de servicios o instalaciones.

**CUESTIÓN**

**Las medidas disuasorias que puede adoptar la comunidad frente a la morosidad, ¿tienen algún límite?**

Sí, la LPH recoge que las mismas no pueden ser abusivas o desproporcionadas, ni afectar a la habitabilidad de los inmuebles. Además, también se recoge expresamente que no podrán tener carácter retroactivo.

La Ley de Propiedad Horizontal, en su artículo 21, recoge las especialidades de este procedimiento en los siguientes términos:

El proceso monitorio, preceptuado desde el artículo 812 al artículo 818 de la Ley de Enjuiciamiento Civil, se constituye como una alternativa rápida y ágil para la reclamación de deudas dinerarias, que se centra en que la parte interesada presente ante el tribunal un documento con el que pueda acreditar la existencia de una deuda dineraria, vencida, líquida, determinada y exigible.

> **CUESTIÓN**
>
> **¿Existe algún límite a la cantidad que se puede reclamar mediante el procedimiento monitorio?**
>
> **No**, no existe límite cuantitativo, se puede reclamar cualquier deuda sea cual sea su importe.

Aunque este sea un procedimiento especifico en propiedad horizontal, la deuda reclamada, al igual que en los demás procedimientos monitorios, debe ser siempre:

- Determinada.
- Dineraria.
- Vencida.
- Líquida.
- Exigible.

Por tanto, se podrá acudir a este procedimiento para **exigir el pago de todas las cantidades que le sean debidas en concepto de gastos comunes, tanto si son ordinarios como extraordinarios, generales o individualizables, o fondo de reserva.**

Las **principales ventajas del procedimiento monitorio** son:

- Competencia en el lugar en que radica la finca (excepción al fuero general de la LEC de domicilio del demandado).
- Posibilidad de embargo preventivo y obtención de un título ejecutivo ante la falta de oposición del deudor.
- Posibilidad de reclamar honorarios de abogado y procurador aun cuando su intervención no sea preceptiva.

> **CUESTIÓN**
>
> **¿El procedimiento verbal presenta alguna ventaja sobre el monitorio?**
>
> **Sí**, en los juicios declarativos (verbales u ordinarios) existe la posibilidad de acumular las cuotas de la comunidad que se vayan devengando con posterioridad a la presentación de la demanda, con lo cual podría obtenerse sentencia condenando al pago de la deuda actualizada. Si bien, tras la reforma del art. 21 de la LPH, llevada a cabo por la Ley 10/2022, de 14 de junio, de medidas urgentes para impulsar la actividad de rehabilitación edificatoria en el contexto del Plan de Recuperación, Transformación y Resiliencia, con entrada en vigor el 16/06/2022, podrán incluirse en la petición inicial del procedimiento monitorio las cuotas aprobadas que se devenguen hasta la notificación de la deuda, no permitiéndose la acumulación de deudas futuras más allá de la mentada notificación.

Como ya hemos dicho nos encontramos ante un procedimiento monitorio especial, por lo que, para el inicio del procedimiento, será necesario realizar las siguientes acciones:

- Enviar al deudor la convocatoria de la junta de propietarios, en la que uno de los puntos del orden del día debe ser la certificación de la deuda por parte de la comunidad de propietarios para iniciar un procedimiento monitorio para la reclamación de la misma.

- Hacer constar en el acta de la reunión, tanto la certificación de deudas, como la intención de iniciar el procedimiento monitorio para reclamar la misma. Además, en el acta se deberán de especificar todas las cantidades adeudadas y los conceptos.

- En la misma reunión y en el mismo punto del día se deberá de autorizar de forma expresa al secretario administrador profesional para que pueda exigir judicialmente la obligación del pago de la deuda a través de este procedimiento.

- Enviar el acta a todos los propietarios de la comunidad.

- Al demandando, además de la referida acta, se le enviará la certificación de la deuda, en donde conste el importe adeudado y su desglose, que debe de estar firmada por quien haga las funciones de secretario de la comunidad con el visto bueno del presidente, salvo que el primero sea un secretario-administrador con cualificación profesional necesaria y legalmente reconocida que no vaya a intervenir profesionalmente en la reclamación judicial de la deuda, en cuyo caso, no será precisa la firma del presidente. Debe de constar esta notificación al deudor, pudiendo también hacerse de forma subsidiaria en el tablón de anuncios o lugar visible de la comunidad durante un plazo de, al menos, tres días, si bien lo recomendable sería realizarlo mediante el envío de un burofax por las facilidades de prueba que presenta.

## 2.1. Notificación al deudor del art. 21 de la LPH: ¿Equivale al MASC?

A partir de la entrada en vigor de la **LO 1/2025, de 2 de enero**, que introduce el requisito de procedibilidad de los MASC para la admisión de la demanda en su **artículo 5**, surge la duda de si el requerimiento previo al deudor contemplado en el citado artículo 21 de la LPH sería suficiente para dar por cumplido dicho requisito.

El apdo. 3 del artículo 21 de la LPH establece la documentación que se ha de aportar con la demanda para poder instar la reclamación a través del procedimiento monitorio:

- Certificado del acuerdo de liquidación de la deuda emitido por quien haga las funciones de secretario de la comunidad con el visto bueno del presidente.

- Documento acreditativo en el que conste haberte notificado al deudor, pudiendo hacerse también de forma subsidiaria en el tablón de anuncios o lugar visible de la comunidad durante al menos 3 días.
- Cuotas aprobadas que se devenguen hasta la notificación de la deuda y los gastos y costes que conlleve la reclamación de la deuda.

De acuerdo con los criterios del **Colegio de la Abogacía de Gijón**, a falta de pronunciamientos judiciales al respecto, los anteriores requisitos documentales del proceso monitorio especial del art. 21 de la LPH, tendrían como finalidad un principio probatorio de que existe una deuda, cierta, vencida y exigible para dar paso a poder acceder al procedimiento monitorio, en el que el silencio del demandado da lugar a un título ejecutivo.

Sin embargo, el objetivo del **art. 5 de la LO 1/2025, de 2 de enero**, es otro: **acreditar el necesario intento de actividad negociadora antes de acudir a la vía judicial**.

Conforme a lo anterior, el Colegio de la Abogacía de Gijón entiende, que no habría inconveniente en que en las juntas de propietarios en las que se apruebe la liquidación de la deuda se incluya un punto adicional de intento de negociación, como podría ser, la concesión de un plazo para que el deudor efectúe el pago, posibilitar el fraccionamiento de la deuda, haciendo constar de esta manera en el acta que este contenido adicional tiene como finalidad expresar la voluntad negociadora de la comunidad de propietarios antes de acudir a un procedimiento judicial.

Así, el citado colegio saca la siguiente conclusión al respecto:

> «En tal caso, **si el acta de la junta se notifica personalmente al comunero (o se intenta pero no recoge la notificación), creo que podría darse por cumplido también el requisito de procedibilidad y, además, no existiría ningún riesgo de vulnerar el principio de confidencialidad**».

El auto de la **Audiencia Provincial de Málaga n.° 260/2025, de 6 de junio, ECLI:ES:APMA:2025:535A**, inadmite una demanda presentada por una comunidad de propietarios que resulta inadmitida por no constar en la misma el cumplimiento del requisito de procedibilidad del MASC. Contra dicha inadmisión se plantea recurso de apelación alegando que **el mencionado requisito no resulta de aplicación al proceso monitorio de reclamación de deudas instado por una comunidad de propietarios** y que, por lo tanto, no puede inadmitirse la demanda en base a este motivo, pues de aplicarse a estos procesos el citado requisito de procedibilidad, perderían el carácter sumario que los inspira. El recurrente entiende evidente **la voluntad del legislador de no aplicar la LO 1/2025, de 2 de enero, en el proceso monitorio en comunidades de vecinos** y lo justifica en los términos siguientes:

> «(...) es un procedimiento sumario regulado en los artículos 812 y siguientes de la Ley de Enjuiciamiento Civil, y cuya documental que debe adjuntarse, como requisito formal, viene determinada en el artículo 21 de la Ley de Propiedad Horizontal, por lo que hay que tener en cuenta que el legislador también ha modificado la Ley de Propiedad Horizontal a través de la reformas operada en la la Ley Orgánica 1/2025 y, sin embargo, no ha

sido su voluntad modificar el precitado artículo 21 (...) ergo, la documental que debe de acompañar a estas solicitudes/demandas en dichos procedimientos quedan invariables, de tal forma que no es voluntad del legislador que se acompañe o adjunte a estas con el preceptivo documento de haber intentado la negociación previa (MASC), (...)».

Por su parte, la audiencia **desestima el recurso de apelación reseñando que se mantiene aplicable lo previsto en el art. 21 de la LPH de modo que sigue exigiéndose tras la LO 1/2025, de 2 de enero, la justificación documental en el prevista**. Lo anterior, no impide que, tras la entrada en vigor de la citada norma, sea necesario **cumplimentar lo en ella exigido respecto del requisito previo de procedibilidad**. En este sentido, la audiencia pone de relieve la obligatoriedad del MASC respecto de los procesos declarativos del libro II y de los especiales del libro IV de la LEC, así como las excepciones al mismo que el propio **art. 5 de la LO 1/2025, de 2 de enero**, contempla y entre las que no se encuentra el proceso monitorio en el ámbito de la propiedad horizontal.

Así, la AP de Málaga resuelve al respecto:

«(...) el legislador ha optado por **excluir de la necesidad de acudir a esos mecanismos negociadores a los monitorios europeos pero no así a los restantes monitorios, ni a los genéricos, llamémoslos así, ni a los especiales de propiedad horizontal**, no pareciendo obedecer dicha omisión a un olvido involuntario, sino, por el contrario, a expreso deseo de separar unos de otros, de modo y manera que **si no se intenta acuerdo con un MASC, la solicitud (demanda) será inadmitida a trámite, y ese incumplimiento debe calificarse de insubsanable**, dado tratarse de requisito de procedibilidad expresamente dispuesto por ley; en definitiva, cabe afirmar que no cabe presentar una demanda judicial sin antes haber pasado por un intento de solucionar el conflicto a través de una de las vías extrajudiciales que se ofrecen en la Ley Orgánica 1/2025, en atención al principio general de derecho "lex non distinguit, nec non distinguere debemus",lo que nos reconduce a entender que la novedosa exigencia orgánica afecta directamente a todos los procesos monitorios, ya lo sean propios de la Ley 1/2000 o, en su caso, de la especialidad marcada por la Ley 49/1960».

Con relación a la notificación de la realización de la junta de propietarios se ha pronunciado el Tribunal Supremo en su **sentencia n.º 572/2020, de 3 de noviembre, ECLI:ES:TS:2020:3624**, que, tras analizar los preceptos de la LPH que se refieren a la notificación, concluye:

«(...) no ofrece duda que la comunidad ha de ser cuidadosa con la citación de los propietarios a la junta en que se adoptan los correspondientes acuerdos por los que se ha de regir la vida comunitaria; para ello la Ley determina la forma en la que se ha de llevar a efecto tal citación, indicando tres posibilidades al respecto, a través de un orden jerárquico de necesaria observancia: primero; si el propietario ha comunicado un **domicilio para sus notificaciones**, en tal lugar; en defecto de una comunicación de tal clase, es válida la practicada en el **piso o local integrados en la comunidad** accionante, llevada a efecto con quien los ocupara, y, ante la imposibilidad de la citación, en los domicilios indicados, **a través de notificación en tablón de anuncios**».

También se hace referencia en la mentada sentencia a la **obligatoriedad de cumplir con las normas que regulan la notificación**, y lo hace en los siguientes términos:

> «**Las normas que rigen la forma de practicar tales citaciones tienen carácter imperativo**, siendo, por lo tanto, de necesario y obligado cumplimiento, cuya vulneración es sancionada por la jurisprudencia con la nulidad radical de la Junta y de los acuerdos en ella adoptados, —sentencias de 3 de mayo de 1988, 25 de octubre de 1989, 29 de octubre de 1993, 3 de febrero de 1994 y 21 de julio de 1995 entre otras—, sin que la entrega de la citación por escrito en el domicilio de cada propietario pueda omitirse o sustituirse por otra formalidad alegando viciosas practicas o usos que, por contrarias a la ley, no pueden judicialmente aprobarse —sentencia de 30 octubre 1992— o hacerse descansar en simples suposiciones de conocimiento —sentencia de 14 de diciembre 2001—».

### CUESTIONES

#### 1. ¿A quién le corresponde probar que la notificación se ha realizado correctamente?

La carga de la prueba en estos casos corresponde a la comunidad de propietarios, y así se ha establecido por el Tribunal Supremo, entre otras, en la **STS n.º 706/2003, de 10 de julio, ECLI:ES:TS:2003:4885**, que señala que:

> «(...) Efectivamente, la Sentencia recurrida sostiene que la Comunidad debe probar haber convocado a los copropietarios a la Junta, y que, si por un comunero se niega haber recibido la citación, incumbe a dicha Comunidad la carga de la prueba de que la misma se efectuó. Esta doctrina, que constituye fundamento decisivo del fallo, es correcta porque la alegación de falta de citación implica un hecho negativo, que, al no poder ser probado mediante un hecho positivo del mismo significado, produce el efecto de desplazar el "onus probandi" a la parte que sostiene que la citación ha tenido lugar. La solución adoptada se ajusta a la doctrina mantenida por esta Sala, tanto con carácter general respecto de los hechos negativos (Sentencias 3 junio 1.935, 10 julio 1.967, 17 octubre 1.983, 8 octubre 1.984, 23 septiembre 1.986, 8 julio 1.988, 8 marzo y 30 abril 1.991, 9 febrero 1.993 y 4 febrero 2.002, entre otras), como en particular en relación con la citación para las Juntas de Propietarios (Sentencia 30 abril 1.992). (...)».

#### 2. ¿Qué ocurre si intentada la notificación por burofax u otro medio fehaciente el comunero no recoge la citada notificación?

Es numerosa la jurisprudencia que se pronuncia en el sentido de entender por realizada la notificación intentada cuando el destinatario no la recoge sin causa justificada, y así, por ejemplo, podemos citar la **sentencia de la Audiencia Provincial de Málaga n.º 13/2022, de 19 de enero, ECLI:ES:APMA:2022:316**, al establecer:

> «Una comunicación no entregada por ser rehusado o no retirado no implica una acreditación de falta de conocimiento por parte del destinatario sino que por el contrario prueban la voluntad renuente (es decir, la renuncia a ser notificado) del mismo a recoger la documentación correspondiente (Sentencia n.º 31/2012 de AP La Rioja, Sección 1.ª, 6 de Febrero de 2012), y no le era exigible a la Comunidad actora ningu-

*na actuación añadida correspondiendo al comunero probar que la recepción de la comunicación no tuvo lugar por causas ajenas a su voluntad y que no le son imputables. No es necesario que el sujeto a quien va dirigida la comunicación llegue a conocer la misma para que se entienda recibida. Es suficiente que la remisión se efectúe en condiciones tales que el destinatario actuando con una diligencia normal, esté en condiciones de poder recibir la comunicación. Pues, como dijo la sentencia del Tribunal Supremo de 2/3/07, no puede quedar a la voluntad del destinatario la recepción de las comunicaciones remitidas pues ello no sería admisible, bastando la prueba de la remisión en las condiciones indicadas».*

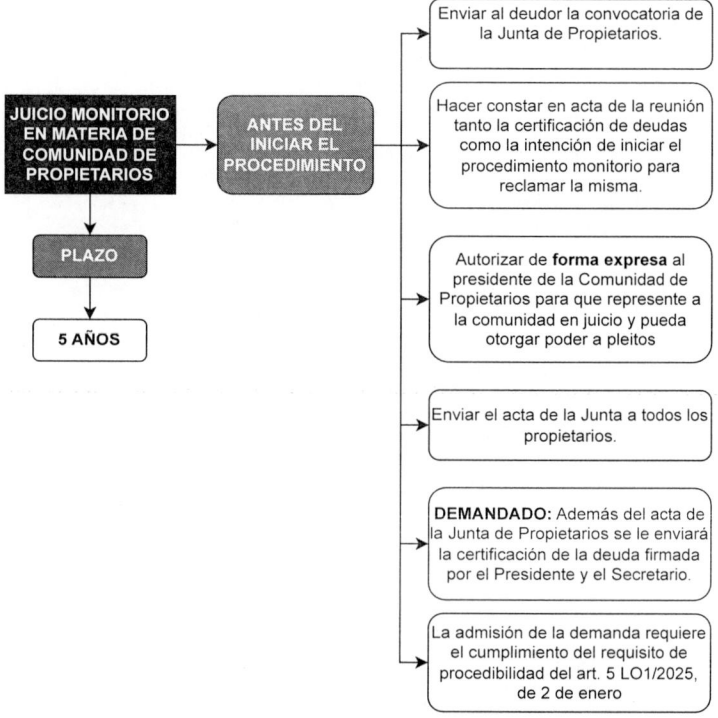

## 2.2. Prescripción

De acuerdo con el artículo 1964 del Código Civil, el plazo de prescripción de la acción será de 5 años:

«Las acciones personales que no tengan plazo especial prescriben a los cinco años desde que pueda exigirse el cumplimiento de la obligación. En las obligaciones continuadas de hacer o no hacer, el plazo comenzará cada vez que se incumplan».

**CUESTIÓN**

**Para interrumpir el plazo de prescripción de 5 años, ¿es necesario algún tipo de formalidad?**

**No**, y para dar respuesta a la presente cuestión es altamente ilustrativa la argumentación dada por la **sentencia del Tribunal Supremo n.º 182/2021, de 30 de marzo, ECLI:ES:TS:2021:1265**, la cual expone, «(...) aunque no empleara el término interrupción de la prescripción, puso de manifiesto la existencia de actos de reclamación de las cantidades debidas, explicó que en todas las juntas se reclamaron a la parte demandada las cuotas dejadas de abonar, y aportó comunicaciones y reclamaciones efectuadas a la demandada (doc. 5 y docs. 15 a 20 de la demanda). En el mismo sentido, en su escrito de oposición al recurso de apelación de la demandada, la demandante hizo valer nuevamente que, en cada una de las juntas de propietarios celebradas, la Comunidad demandante había procedido a reclamar a la demandada las cuotas dejadas de abonar, que la demandada era perfecta conocedora de la deuda reclamada por los burofaxes enviados y por los pleitos mantenidos entre las partes, además de haber asistido a las reuniones periódicas de la junta de propietarios. Es decir, la Comunidad planteó que no hubo abandono alguno de la reclamación de las cuotas impagadas».

# 2.3. Requisitos formales de la notificación

El **acuerdo deberá notificarse al propietario moroso** en la forma prevista en la letra h) del apartado 1 del artículo 9 de la LPH. Debe cumplirse con ello ya que si no se realiza la reclamación no tendrá futuro. Cabe destacar que tras la última reforma de la LPH en el propio artículo 21 se recoge expresamente que la notificación al deudor podrá llevarse a cabo **subsidiariamente en el tablón de anuncios** o en lugar visible de la comunidad, durante un plazo mínimo de 3 días.

**No es obligatorio que la notificación sea fehaciente**, pero será necesario hacerlo de una forma que acredite que esa notificación fue realizada. Por ejemplo, en la **SAP de Madrid n.º 330/2012, de 14 de junio, ECLI:ES:APM:2012:9141**, se establece lo siguiente:

«(...) prescribiendo el artículo 21 de la Ley de Propiedad Horizontal que la utilización del procedimiento monitorio requerirá, entre otras cuestiones, que el acuerdo de la Junta aprobando la liquidación de la deuda con la comunidad de propietarios se hubiese notificado a los propietarios afectados en la forma establecida en el artículo 9, regulándose en éste que, de no designarse otro domicilio para citaciones y notificaciones las mismas se practicarán en el piso perteneciente a la comunidad, especificando que si fuese imposible su práctica, una vez intentada, "se entenderá realizada mediante la colocación de la comunicación correspondiente en el tablón de anuncios de la comunidad o en lugar visible de uso general habilitado al efecto, con diligencia expresiva de la fecha y motivos por los que se procede a esta forma de notificación, firmada...", lo cierto es que **las meras alusiones a haberse sido publicado el acta de la Junta en la que se liquidó la deuda "en el portal de la Comunidad"** (certificación del administrador, al folio 11 de autos), **en modo alguno da cumplimiento a lo prevenido en**

**el precepto**: en el tablón de anuncios o en lugar visible habilitado al efecto, con diligencia expresiva de la fecha y motivos ya citados, con firma del Secretario con el visto bueno del Presidente, máxime cuando tampoco existiría constancia de haberse efectuado la comunicación del acuerdo de otra forma pues, como acertadamente razona la Juez a quo, del envío por correo ordinario que se alude no quedaría constancia de su recepción».

De aportación obligatoria con la demanda se encuentra la **certificación de la deuda**, que será expedida por quien haga las funciones de secretario de la comunidad con el visto bueno del presidente, añadiendo la ley una salvedad para el caso en que el secretario sea un secretario-administrador con cualificación profesional necesaria y legalmente reconocida que no vaya a intervenir profesionalmente en la reclamación judicial de la deuda, en cuyo caso no será precisa la firma del presidente.

Con relación al contenido de la certificación de deuda se especifica en el apartado 3 del artículo 21 de la LPH que en este certificado deberá constar el importe adeudado y su desglose. Cabe citar aquí la **sentencia de la Audiencia Provincial de Vizcaya n.º 620/2018, de 28 de septiembre, ECLI:ES:AP-BI:2018:2565**, que señala que:

> «La utilización del procedimiento monitorio requerirá la previa certificación del acuerdo de la Junta aprobando la liquidación de la deuda con la comunidad de propietarios por quien actúe como secretario de la misma, con el visto bueno del presidente, siempre que tal acuerdo haya sido notificado a los propietarios afectados en la forma establecida en el artículo 9.
>
> El artículo 21.1 LPH no determina cual debe ser el contenido del acuerdo de la Junta aprobando la liquidación, pero es obvio que **el acuerdo de liquidación debe especificar los distintos conceptos que comprenden la liquidación**, pues en otro caso no sería posible acreditar el pago total o parcial de la deuda a la que se refiere la liquidación, ni formular ninguna objeción a la liquidación. En este sentido se pronuncia entre otras, la SAP Alicante Sección Quinta 29/2013 de 16 enero de 2013, recurso 258/2012 ... que dice: "la aprobación en junta no exime a la Comunidad en la reclamación con apoyo en el artículo 9.1.e) de la Ley de Propiedad Horizontal, de **especificar a qué periodos y conceptos corresponde la deuda reclamada**, exigencia que no responde a ningún formalismo, sino a la necesidad de que el demandado conozca el alcance de la reclamación y pueda, en consecuencia, oponer frente a la misma lo que crea oportuno, formando parte del propio derecho a la defensa, que no puede ejercitarse de manera efectiva frente a reclamaciones inconcretas(...)"».

---

**A TENER EN CUENTA**. Tras la modificación del art. 21 de la LPH llevada a cabo por la Ley 10/2022, de 14 de junio, de medidas urgentes para impulsar la actividad de rehabilitación edificatoria en el contexto del Plan de Recuperación, Transformación y Resiliencia, que entró en vigor el 16/06/2022, aparece expresamente reconocida la posibilidad de acudir a mediación-conciliación o arbitraje, conforme a la legislación aplicable, para la reclamación de los gastos de la comunidad y del fondo de reserva o cualquier cuestión relacionada con la obligación de contribuir en ellos.

---

**RESOLUCIÓN RELEVANTE**

**Sentencia de la Audiencia Provincial de Castellón n.° 307/2023, de 7 de julio, ECLI:ES:APCS:2023:751.**

*«Sostiene la parte apelante que el requisito consistente en la acreditación de la deuda mediante la certificación del impago de cantidades debidas en concepto de gastos comunes de Comunidades de propietarios de inmuebles urbanos a que se refiere el art. 812.2.2° LEC o, como dice el art 21.2 de la Ley de Propiedad Horizontal según la redacción aplicable al caso "la previa certificación del acuerdo de la Junta aprobando la liquidación de la deuda con la comunidad de propietarios por quien actúe como secretario de la misma, con el visto bueno del presidente", son aplicables al proceso monitorio, pero no al juicio declarativo correspondiente a la cuantía con arreglo al cual se sustancia la reclamación si se formula oposición por el deudor.*

*Comparte este tribunal el criterio del apelante.*

*En primer lugar, porque los preceptos mencionados que exigen el indicado requisito lo imponen para la viabilidad de la reclamación monitoria que expresamente mencionan, pero no hacen extensiva dicha exigencia al juicio declarativo con arreglo a cuyos trámites debe sustanciarse la pretensión cuando, como es el caso, el reclamado plantea oposición.*

*Por otra parte porque, salvo que expresamente exija la ley determinada prueba para la acreditación de los hechos en que se basa la pretensión, estos pueden ser acreditado por cualquiera de los medios de admitidos en derecho, ya sean documentales, subjetivos (interrogatorio de parte, testimonios), periciales, medios de reproducción del sonido o la imagen y otros no expresamente previstos (art. 299 LEC).*

*Por lo tanto, a diferencia del procedimiento monitorio —en el que, en puridad, no debió darse lugar al requerimiento de pago a falta de la correspondiente certificación del acta de la comunidad y autorización al presidente— en el presente declarativo ordinario no hay prueba tasada, ni cabe la exigencia de una específica, como pudiera ser la constancia en el acta de la comunidad, o la certificación del secretario. En consecuencia, la falta de tales documentos no determina la desestimación de la reclamación, pues puede probarse la vigencia de la deuda cuyo importe se reclama por otro medio de acreditación. Piénsese que la parte demandante pudo no formular la reclamación monitoria e interponer directamente la demanda de juicio verbal, en el que no ha lugar —como no lo hay ahora— a la exigencia de presentación de ninguna documentación específica.*

*El criterio que acaba de exponerse es el que ha mantenido esta Sección Tercera de la Audiencia Provincial de Castellón en anteriores ocasiones.*

*En este sentido, cabe citar la Sentencia núm. 367 de 22 de diciembre de 2003 (ECLI:ES:APCS:2003:868). En esta resolución, con cita de la anterior sentencia n.° 143/03 de fecha 19 de mayo de 2.003, decía esta Sala que "el artículo 21 de la Ley de Propiedad Horizontal establece la posibilidad de que el presidente o el administrador puede exigir judicialmente las obligaciones establecidas en los apartados e) y f) del artículo 9, a través del procedimiento monitorio, refiriéndose el primero de estos apartados a la obligación de contribuir a los gastos generales para el adecuado sostenimiento del inmueble, y establece además dicho precepto expresamente en su párrafo segundo que la utilización del procedimiento monitorio requerirá la previa certificación del acuerdo de la Junta aprobando la liquidación de la deuda con la comunidad de propietarios por quien actúe como secretario de la misma, con el visto bueno del presidente" para concluir que "(d)e dicha normativa se deduce sin género alguno de dudas que la certificación del acuerdo de la Junta de propietarios aprobando la liquidación de la deuda con la comunidad de propietarios es un requisito necesario en el procedimiento monitorio, y no por el contrario en el posterior juicio declarativo que puede plantearse cuando el deudor haya presentado en tiempo y forma escrito de oposición a la demanda de dicho procedimiento monitorio".*

*La misma opinión quedó plasmada en la Sentencia núm. 408 de 31 de julio de 2006 (ECLI:ES:APCS:2006:789), al decir que la falta del presupuesto que determinó la desestimación de la reclamación, como sucede en el presente supuesto, "debió ser valorada en su día al decidir sobre la admisión a tramite de la petición de monitorio, controlando de oficio el Juez de instancia entonces la concurrencia de todos los requisitos relativos a la admisión de la petición, pero no puede comportar la desestimación de la demanda cuando ya se ha transformado el procedimiento monitorio en un proceso ordinario y plenario —un verbal en atención a la cuantía reclamada— al oponerse la demandada (artículo 818 de la L. E. Civil) siendo una solución contraria a la economía procesal la de rechazar la demanda pese a estimar acreditada la existencia de la deuda a través de la documental aportada y obligar a la parte a acudir a un proceso declarativo verbal para formular su reclamación, es decir, al mismo procedimiento que ya se ha seguido entre las partes litigante"».*

# 3.
# LOS MONITORIOS EN MATERIA DE CONSUMO

## 3.1. Particularidades del requisito de procedibilidad tras la LO 1/2025 en los monitorios en materia de consumo

### Particularidades del requisito de procedibilidad en los monitorios en materia de consumo

Para los litigios en materia de consumo la **LO 1/2025, de 2 de enero**, ha establecido en su **D.A.7.ª** que el requisito de procedibilidad se entenderá cumplido con la reclamación previa por parte del consumidor o usuario a la empresa o profesional con el que hubiere contratado, sin haber obtenido una respuesta en el plazo establecido por la legislación aplicable a cada caso, o cuando la misma no sea satisfactoria.

> **CUESTIÓN**
>
> **¿La reclamación extrajudicial previa por parte del consumidor o usuario a la empresa o profesional excluye la posibilidad de acudir a un MASC?**
>
> No, por ejemplo en el caso de que una reclamación previa sea infructuosa, se podría acudir a cualquiera de los medios adecuados de solución de controversias, tanto los previstos en la legislación especial en materia de consumo, como los generales previstos en la **LO 1/2025, de 2 de enero**.

# 3.2. Deudas fundadas en contrato entre empresario o profesional y un consumidor o usuario (art. 815 de la LEC)

Si se considerase que la deuda se funda en un contrato entre un empresario o profesional y un consumidor o usuario, el letrado o letrada de la Administración de Justicia, previamente a efectuar el requerimiento de pago, dará cuenta al juez, quien, si estima que alguna de las **cláusulas** que constituye el fundamento de la petición o que hubiese determinado la **cantidad exigible** pudiese ser calificada como **abusiva**, podrá plantear mediante **auto** una propuesta de requerimiento de pago por el importe que resulte de excluir de la cantidad reclamada la cuantía derivada de la aplicación de la cláusula.

En ambos casos, es el demandado quien deberá aceptar o rechazar la propuesta formulada en el plazo de **diez días**. Se entenderá **aceptada** si en el transcurso del plazo **no** se ha realizado **manifestación** alguna. En ningún caso habrá de entenderse la aceptación del demandante como renuncia parcial a su pretensión, pudiendo ejercitar la parte no satisfecha únicamente en el procedimiento declarativo que corresponda.

En caso de ser aceptada la propuesta, se requerirá de pago al demandado por dicha cantidad.

En otro caso, se tendrá al demandante por desistido, lo que supone que únicamente podrá hacer valer su pretensión en el procedimiento declarativo correspondiente. Es importante señalar que el auto que se dicte en este último caso será directamente apelable por la parte personada en el procedimiento.

Por su parte, si el tribunal no aprecia motivo para reducir la cantidad por la que se pide el requerimiento de pago, lo declararé así y el letrado o letrada de la Administración de Justicia procederá a requerir al deudor en los términos previstos con anterioridad.

De acuerdo con la **sentencia de la Audiencia Provincial de Pontevedra n.º 510/2016, de 6 de octubre, ECLI: ES:APPO:2016:1965:**

> «Cuando se da la oportunidad al deudor de pronunciarse sobre la existencia de cláusulas abusivas, es para que las señale, no para que diga que algunas son abusivas. Si es el tribunal el que aprecia que alguna de cláusulas pueden serlo, oye previamente a las partes sobre ellas. Sirva de ejemplo la actual redacción del art. 815.4 de la LEC `[815.3 LEC desde el 20 de marzo de 2024]. Si el tribunal no aprecia abusividad, no da trámite de audiencia; pero si la aprecia en algunas, se oye a las partes sobre ellas y el juez, lógicamente, las señalará a las partes para que se pronuncien en particular sobre aquellas en las que entiende puede concurrir aquella condición».

## CUESTIÓN

**¿Si el deudor no es consumidor, es una sociedad anónima, procede el control de oficio de las cláusulas abusivas por parte del juez/a?**

De acuerdo con las resoluciones judiciales, si la demandada es una sociedad anónima no procederá por parte del/de la juez/a examinar de oficio la validez de las cláusulas contractuales. Únicamente procedería dicho análisis, en el caso de que la parte deudora acredite que el contrato suscrito con la acreedora fue actuando en un ámbito ajeno a la actividad empresarial o profesional.

En este sentido es interesante la lectura del **auto de la Audiencia Provincial de Madrid, n.º 386/2017, de 29 de septiembre. ECLI:ES:APM:2017:4102A,** «(...) consideramos que dado que la demandada es una sociedad anónima, no cabe por parte de la Juzgadora de Instancia examinar la validez de las cláusulas contractuales desde la perspectiva citada, al no constar que la entidad deudora haya recurrido al renting actuando en un ámbito ajeno a su actividad empresarial o profesional, por lo que, en este examen inicial de la petición monitoria, debe considerarse, por el contrario, que el arrendamiento del vehículo lo ha sido para incorporarlo a su actividad mercantil o profesional».

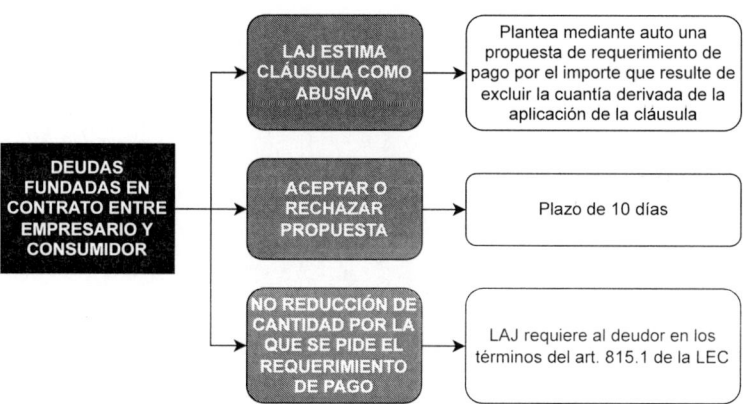

**A TENER EN CUENTA**. Cuando una de las cláusulas del contrato se considera abusiva para analizar si procede seguir con el procedimiento monitorio o por el contrario dictar auto de inadmisión, el letrado o letrada de la Administración de Justicia debe de valorar el papel de la referida cláusula dentro del contrato.

# 4.
# EL PROCEDIMIENTO MONITORIO PENAL

## El denominado procedimiento monitorio penal

El **procedimiento por aceptación de decreto** es una **novedad introducida por la Ley 41/2015, de 5 de octubre**, de modernización de la Ley de Enjuiciamiento Criminal para la agilización de la justicia penal y el fortalecimiento de las garantías procesales, concretamente en los artículos 803 bis a) al 803 bis j) de la LECrim. Se encuentra en vigor desde el 6 de diciembre de 2015.

Se trata de un **procedimiento monitorio penal que permite la conversión de la propuesta sancionadora realizada por el Ministerio Fiscal en sentencia firme cuando se cumplen los requisitos objetivos y subjetivos previstos y el encausado da su conformidad, con preceptiva asistencia letrada**.

Como se expone en el preámbulo de la Ley 41/2015, de 5 de octubre:

«(...) Siguiendo un modelo de probado éxito en el Derecho comparado, se instaura un mecanismo de aceleración de la justicia penal que es sumamente eficaz para descongestionar los órganos judiciales y para dispensar una rápida respuesta punitiva ante delitos de escasa gravedad cuya sanción pueda quedar en multa o trabajos en beneficio de la comunidad, totalmente respetuoso con el derecho de defensa. El objetivo de esta reforma es el establecimiento de un cauce de resolución anticipada de las causas penales para delitos de menor entidad, aplicable con independencia del procedimiento que les corresponda. Resulta, pues, aplicable tanto a los delitos leves como a los delitos menos graves que se encuentren dentro de su ámbito material de aplicación, a instancia del Ministerio Fiscal y antes de la conclusión de la fase de instrucción. También responde a la posibilidad de culminar la fase de diligencias de investigación del Ministerio Fiscal con una elevación de las actuaciones al juzgado de instrucción que implique no ya la puesta en conocimiento del hecho sino, de facto, la solicitud de la sentencia y pena correspondiente. Su efectiva aplicación implicará una reducción significativa de las instrucciones y ulteriores juicios orales, lo que redunda también en beneficio del acortamiento de la denominada «fase intermedia» de los procedimientos».

# ¿Cuáles son los requisitos del proceso por aceptación de decreto?

En cualquier momento después de iniciadas diligencias de investigación por la fiscalía o de incoado un procedimiento judicial y hasta la finalización de la fase de instrucción, aunque no haya sido llamado a declarar el investigado, podrá seguirse el proceso por aceptación de decreto **cuando se cumplan cumulativamente los siguientes requisitos**:

- Que el **delito esté castigado con pena de multa o de trabajos en beneficio de la comunidad o con pena de prisión que no exceda de un año y que pueda ser suspendida** de conformidad con lo dispuesto en el artículo 80 del Código Penal, **con o sin privación del derecho a conducir vehículos a motor y ciclomotores.**

- Que **el Ministerio Fiscal entienda que la pena en concreto aplicable es la pena de multa o trabajos en beneficio de la comunidad y, en su caso, la pena de privación del derecho a conducir vehículos a motor y ciclomotores.**

- Que **no esté personada acusación popular o particular** en la causa.

## ¿Cuál es el objeto del proceso por aceptación de decreto?

Este proceso tiene por objeto:

- Una **acción penal** dirigida a la imposición de una pena de multa o trabajos en beneficio de la comunidad y, en su caso, de privación del derecho a conducir vehículo a motor y ciclomotores.

- Una **acción civil** dirigida a la obtención de la restitución de la cosa y la indemnización del perjuicio.

## ¿Cuál es el contenido del decreto de propuesta de imposición de pena emitido por el Ministerio Fiscal?

Conforme al artículo 803 bis c) de la LECrim, dicho decreto tendrá el siguiente contenido:

- Identificación del investigado.

- Descripción del hecho punible.

- Indicación del delito cometido y mención sucinta de la prueba existente.

- Breve exposición de los motivos por los que entiende, en su caso, que la pena de prisión debe ser sustituida.

- Penas propuestas. A los efectos de este procedimiento, el Ministerio Fiscal podrá proponer la pena de multa o trabajos en beneficio de la comunidad, y, en su caso, la de privación del derecho a conducir vehículos a motor y ciclomotores, reducida hasta en un tercio respecto de la legalmente prevista, aun cuando suponga la imposición de una pena inferior al límite mínimo previsto en el Código Penal.

- Peticiones de restitución e indemnización, en su caso.

Este decreto **se remitirá al juzgado de instrucción/a la sección de instrucción para su autorización y notificación al investigado.** Será aceptado cuando cumplan los requisitos del proceso.

En el caso de que no quede autorizado este decreto, el mismo no tendrá efectos.

El **auto de autorización del decreto será notificado junto con el propio decreto, al encausado, a quien se citará ante el tribunal en la fecha en que se señale.** En la notificación, se informará al encausado de la finalidad de la comparecencia, de la preceptiva asistencia de letrado para su celebración y de los efectos de su incomparecencia o, caso de comparecer, de su derecho a aceptar o rechazar la propuesta contenida en el decreto. También se le informará de que, en caso de no encontrarse defendido por letrado en la causa, debe asesorarse con un abogado de confianza o solicitar un abogado de oficio antes del término de 5 días hábiles antes de la fecha señalada.

## ¿Cómo será la comparecencia ante el juzgado de instrucción/ sección de instrucción?

El encausado deberá comparecer asistido de letrado/a. En caso de que no compareciese o rechazara la propuesta del Ministerio Fiscal, total o parcialmente, en lo relativo a las penas o a la restitución o indemnización, quedará la misma sin efecto. Si el encausado comparece sin letrado/a, el juez suspenderá la comparecencia de acuerdo con lo dispuesto en el artículo 746 de la LECrim y señalará nueva fecha para su celebración.

Para el caso de que el decreto devenga ineficaz por no ser autorizado, por incomparecencia o por falta de aceptación, no tendrá efectos además el Ministerio Fiscal no se encontrará vinculado por su contenido y proseguirá la causa que corresponda.

En la comparecencia el juez, en presencia del letrado, se asegurará de que el encausado comprende el significado del decreto de propuesta de imposición de pena y los efectos de su aceptación. Esta comparecencia será registrada íntegramente por medios audiovisuales, documentándose conforme a las reglas generales en caso de imposibilidad material.

Si el encausado acepta la propuesta de pena, el juzgado de instrucción/ la sección de instrucción le atribuirá el carácter de resolución judicial firme, que en el plazo de 3 días documentará en la forma y con todos los efectos de sentencia condenatoria, contra la que no cabrá recurso alguno.

---

**A TENER EN CUENTA.** Por la reforma realizada por la LO 1/2025, de 2 de enero, una vez implantados de forma efectiva los tribunales de instancia (D.T. 1.ª), todas las referencias realizadas a los juzgados unipersonales se entenderán realizadas a las secciones del orden jurisdiccional correspondiente de los tribunales de instancia.

---

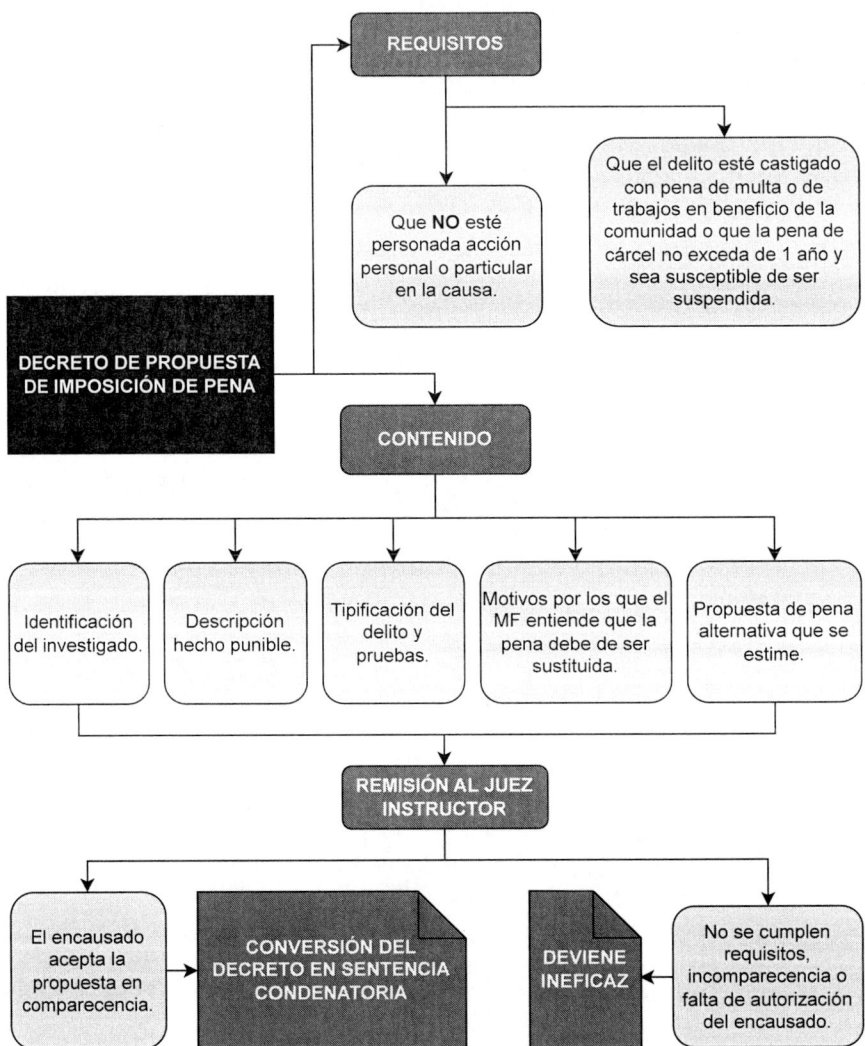

# 5.
# EL PROCESO MONITORIO LABORAL

## Regulación del proceso monitorio laboral

**A TENER EN CUENTA**. Por la reforma realizada por la LO 1/2025, de 2 de enero, una vez implantados de forma efectiva los tribunales de instancia (D.T.1.ª), todas las referencias realizadas a los juzgados unipersonales se entenderán realizadas a las secciones del orden jurisdiccional correspondiente de los tribunales de instancia, en este caso a la sección de lo social.

Para el estudio de este precepto conviene transcribir el **artículo 101 de la Ley de la Jurisdicción Social**, tras su modificación por el Real Decreto-ley 6/2023, de 19 de diciembre (con efectos desde el 20/03/2024):

### Artículo 101 de la LRJS. Proceso monitorio.

«En reclamaciones frente a empresarios que no se encuentren en situación de concurso, referidas a cantidades vencidas, exigibles y de cuantía determinada, derivadas de su relación laboral, excluyendo las reclamaciones de carácter colectivo que se pudieran formular por la representación de los trabajadores, así como las que se interpongan contra las entidades gestoras o colaboradoras de la Seguridad Social, que no excedan de quince mil euros, el trabajador podrá formular su pretensión en la forma siguiente:

a) El proceso monitorio comenzará por petición inicial en la que se expresarán la identidad completa y precisa del empresario deudor, datos de identificación fiscal, domicilio completo y demás datos de localización, y en su caso de comunicación, por medios informáticos y telefónicos, tanto del demandante como del demandado, así como el detalle y desglose de los concretos conceptos, cuantías y períodos reclamados. Deberá acompañarse copia del contrato, recibos de salarios, comunicación empresarial o reconocimiento de deuda, certificado o documento de cotización o informe de vida laboral, u otros documentos análogos de los que resulte un principio de prueba de la relación laboral y de la cuantía de la deuda. La solicitud se presentará, preferentemente, por medios informáticos, de disponerse de ellos, pudiendo extenderse en el modelo o formulario que se facilite al efecto.

El letrado o letrada de la Administración de Justicia procederá a la comprobación de los requisitos anteriores, completando, en su caso, los indicados en la solicitud con otros domicilios, datos de identificación o que afecten a la situación empresarial, utilizando a tal fin los medios de que disponga el juzgado, y concederá trámite de subsanación por cuatro días de cualquier defecto que apreciare, salvo que sean insubsanables. En caso de apreciar defectos insubsanables, o de no subsanarse en plazo los apreciados, dará cuenta al juez o jueza para que resuelva sobre la admisión o inadmisión de la petición.

De ser admisible la petición, requerirá al empresario para que, en el plazo de diez días, pague directamente al trabajador, acreditándolo ante el juzgado, o comparezca ante éste y alegue sucintamente, en escrito de oposición, las razones por las que, a su entender, no debe, en todo o en parte, la cantidad reclamada, con apercibimiento de que de no pagar la cantidad reclamada ni comparecer alegando las razones de la negativa al pago, se despachará ejecución contra él.

Del requerimiento se dará traslado por igual plazo al Fondo de Garantía Salarial, plazo que se ampliará respecto del mismo por otros diez días más, si manifestase que necesita efectuar averiguaciones sobre los hechos de la solicitud, en especial sobre la solvencia empresarial.

b) Transcurrido el plazo conferido en el requerimiento, de haberse abonado el total importe, se archivará el proceso.

De no haber mediado en dicho plazo oposición, por escrito y en forma motivada, del empresario o del Fondo de Garantía Salarial, el letrado o letrada de la Administración de Justicia dictará decreto dando por terminado el proceso monitorio y dará traslado al demandante para que inste el despacho de ejecución, bastando para ello con la mera solicitud.

Desde la fecha de este decreto devengará el interés procesal del apartado 2 del artículo 251.

Contra el auto de despacho de la ejecución, conteniendo la orden general de ejecución, procederá oposición según lo previsto en el apartado 4 del artículo 239 de esta ley y pudiendo alegarse a tal efecto la falta de notificación del requerimiento. Contra el auto resolutorio de la oposición no procederá recurso de suplicación.

c) En caso de insolvencia o concurso posteriores, el auto de despacho de la ejecución servirá de título bastante, a los fines de la garantía salarial que proceda según la naturaleza originaria de la deuda; si bien no tendrá eficacia de cosa juzgada, aunque excluirá litigio ulterior entre empresario y trabajador con idéntico objeto y sin perjuicio de la determinación de la naturaleza salarial o indemnizatoria de la deuda y demás requisitos en el expediente administrativo oportuno frente a la institución de garantía, en su caso.

d) Si se formulase oposición en el plazo y la forma expresada en la letra a), se dará traslado a la parte demandante para que manifieste en tres días lo que a su derecho convenga respecto a la oposición. Si las partes no solicitan vista, pasarán los autos al juez o jueza para dictar resolución fijando la cantidad concreta por la que despachar ejecución. Si se solicitara vista, se convocará la misma siguiendo la tramitación del procedimiento ordinario.

e) Si no hubiera sido posible notificar personalmente en la forma exigida el requerimiento de pago se dictará resolución convocando vista siguiendo la tramitación del procedimiento ordinario.

f) Si se formulase oposición sólo en cuanto a parte de la cantidad reclamada, el demandante podrá solicitar del juzgado que se dicte auto acogiendo la reclamación en cuanto a las cantidades reconocidas o no impugnadas. Este auto servirá de título de ejecución, que el demandante podrá solicitar mediante simple escrito sin necesidad de esperar a la resolución que recaiga respecto de las cantidades controvertidas».

---

**A TENER EN CUENTA**. Tras la reforma operada por el Real Decreto-ley 6/2023, de 19 de diciembre y con efectos desde el 20/03/2024, se contempla en el art. 101 de la LRJS que el límite de la cuantía reclamable por este proceso se incrementa a 15.000 euros (hasta 19/03/2024: 6.000 euros) y se modifica la actuación del LAJ y el FOGASA para agilizar el proceso.

---

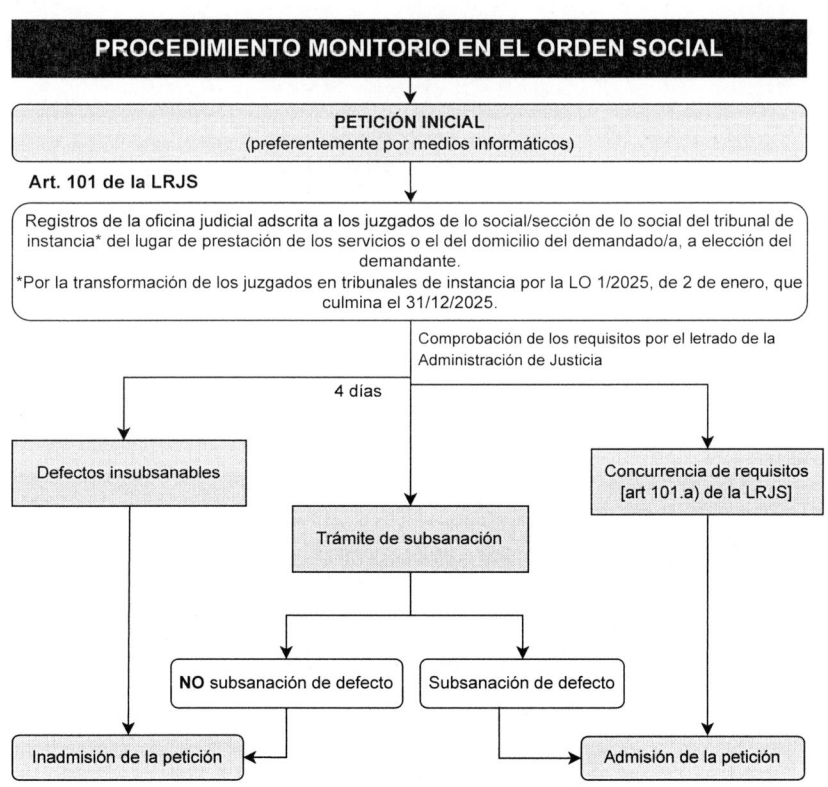

**PROCEDIMIENTO MONITORIO EN EL ORDEN SOCIAL**

**PETICIÓN INICIAL**
(preferentemente por medios informáticos)

**Art. 101 de la LRJS**

Registros de la oficina judicial adscrita a los juzgados de lo social/sección de lo social del tribunal de instancia* del lugar de prestación de los servicios o el del domicilio del demandado/a, a elección del demandante.
*Por la transformación de los juzgados en tribunales de instancia por la LO 1/2025, de 2 de enero, que culmina el 31/12/2025.

Comprobación de los requisitos por el letrado de la Administración de Justicia

4 días

Defectos insubsanables

Concurrencia de requisitos [art 101.a) de la LRJS]

Trámite de subsanación

**NO** subsanación de defecto

Subsanación de defecto

Inadmisión de la petición

Admisión de la petición

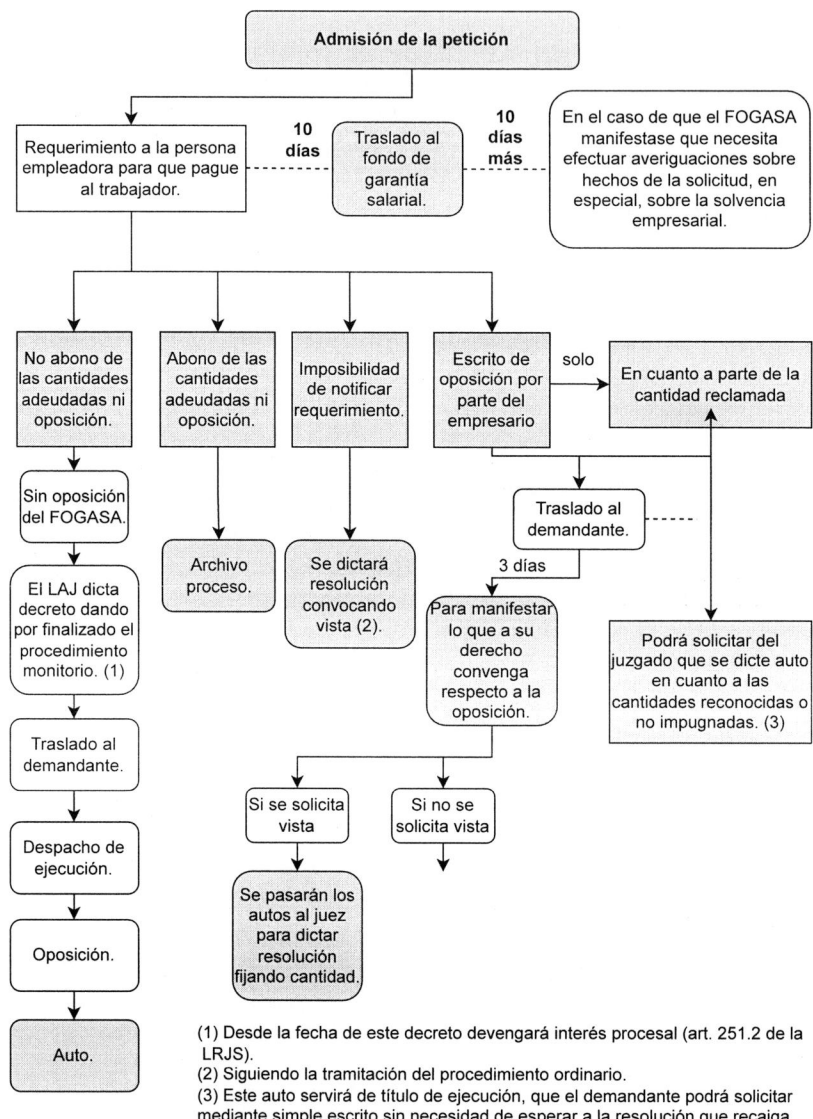

**Admisión de la petición**

Requerimiento a la persona empleadora para que pague al trabajador.

**10 días**

Traslado al fondo de garantía salarial.

**10 días más**

En el caso de que el FOGASA manifestase que necesita efectuar averiguaciones sobre hechos de la solicitud, en especial, sobre la solvencia empresarial.

No abono de las cantidades adeudadas ni oposición.

Abono de las cantidades adeudadas ni oposición.

Imposibilidad de notificar requerimiento.

Escrito de oposición por parte del empresario

solo

En cuanto a parte de la cantidad reclamada

Sin oposición del FOGASA.

Archivo proceso.

Se dictará resolución convocando vista (2).

Traslado al demandante.

3 días

Para manifestar lo que a su derecho convenga respecto a la oposición.

Podrá solicitar del juzgado que se dicte auto en cuanto a las cantidades reconocidas o no impugnadas. (3)

El LAJ dicta decreto dando por finalizado el procedimiento monitorio. (1)

Traslado al demandante.

Despacho de ejecución.

Oposición.

Auto.

Si se solicita vista

Si no se solicita vista

Se pasarán los autos al juez para dictar resolución fijando cantidad.

(1) Desde la fecha de este decreto devengará interés procesal (art. 251.2 de la LRJS).
(2) Siguiendo la tramitación del procedimiento ordinario.
(3) Este auto servirá de título de ejecución, que el demandante podrá solicitar mediante simple escrito sin necesidad de esperar a la resolución que recaiga respecto de las cantidades controvertidas.

## Legitimación y capacidad, postulación y defensa para ser parte en el proceso monitorio laboral

### || Legitimación y capacidad

Este procedimiento puede iniciarse para la reclamación de cantidades, por parte de trabajadores frente a empresarios (privados y también empresas públicas), que no se encuentren en situación de concurso, referidas a cantidades vencidas, exigibles y de cuantía determinada, derivadas de su relación laboral, **que no excedan de 15.000 euros.**

> **A TENER EN CUENTA.** Se incrementa de 6.000 a 15.000 euros (a partir del 20/03/2024) la cantidad por la que se puede reclamar mediante el procedimiento monitorio laboral.

Quedan excluidas de este procedimiento las reclamaciones de carácter colectivo que se pudieran formular por la representación de los trabajadores, así como las que se interpongan contra las entidades gestoras o colaboradoras de la Seguridad Social.

A tenor de lo preceptuado en el **artículo 9 de la LEC**, según el cual: *«la falta de capacidad para ser parte y de capacidad procesal podrá ser apreciada de oficio por el tribunal en cualquier momento del proceso»*, lo que incluye también el trámite de admisión de la petición monitoria. (**Sentencia de la Audiencia Provincial de A Coruña n.º 235/2005, de 24 de junio, ECLI:ES:APC:2005:650**).

Esta sentencia señala: *«(...) el Tribunal no puede pasar por alto un obstáculo apreciable de oficio, a tenor de lo preceptuado en el artículo 9 de la LEC, según el cual: "La falta de capacidad para ser parte y de capacidad procesal podrá ser apreciada de oficio por el tribunal en cualquier momento del proceso", lo que incluye también el trámite de admisión de la petición monitoria, presentada en el caso que nos ocupa en nombre de Santander Consumer Finance S.A. por una persona física que no es su representante legal ni procurador sino apoderado (...)».*

En relación a la capacidad para ser parte en el proceso monitorio laboral, haremos mención del siguiente artículo de la LRJS:

### Artículo 16 de la LRJS. Capacidad procesal y representación.

«1. Podrán comparecer en juicio en defensa de sus derechos e intereses legítimos quienes se encuentren en el pleno ejercicio de sus derechos civiles.

2. Tendrán capacidad procesal los trabajadores mayores de dieciséis años y menores de dieciocho respecto de los derechos e intereses legítimos derivados de sus contratos de trabajo y de la relación de Seguridad Social, cuando legalmente no precisen para la celebración de dichos contratos autorización de sus padres, tutores o de la persona o institución que los tenga a su cargo, o hubieran obtenido autorización para contratar de sus padres, tutores o persona o institución que los tenga a su cargo confor-

me a la legislación laboral o la legislación civil o mercantil respectivamente. Igualmente tendrán capacidad procesal los trabajadores autónomos económicamente dependientes mayores de dieciséis años.

3. En los supuestos previstos en el apartado anterior, los trabajadores mayores de dieciséis años y menores de dieciocho tendrán igualmente capacidad procesal respecto de los derechos de naturaleza sindical y de representación, así como para la impugnación de los actos administrativos que les afecten.

4. Por quienes no se hallaren en el pleno ejercicio de sus derechos civiles comparecerán sus representantes legítimos o los que deban suplir su incapacidad conforme a derecho.

5. Por las personas jurídicas comparecerán quienes legalmente las representen. Por las entidades sin personalidad a las que la ley reconozca capacidad para ser parte comparecerán quienes legalmente las representen en juicio. Por las masas patrimoniales o patrimonios separados carentes de titular o cuyo titular haya sido privado de sus facultades de disposición y administración comparecerán quienes conforme a la ley las administren. Por las entidades que, no habiendo cumplido los requisitos legalmente establecidos para constituirse en personas jurídicas, estén formadas por una pluralidad de elementos personales y patrimoniales puestos al servicio de un fin determinado, comparecerán quienes de hecho o en virtud de pactos de la entidad, actúen en su nombre frente a terceros o ante los trabajadores. Por las comunidades de bienes y grupos comparecerán quienes aparezcan, de hecho o de derecho, como organizadores, directores o gestores de los mismos, o en su defecto como socios o partícipes de los mismos y sin perjuicio de la responsabilidad que, conforme a la ley, pueda corresponder a estas personas físicas».

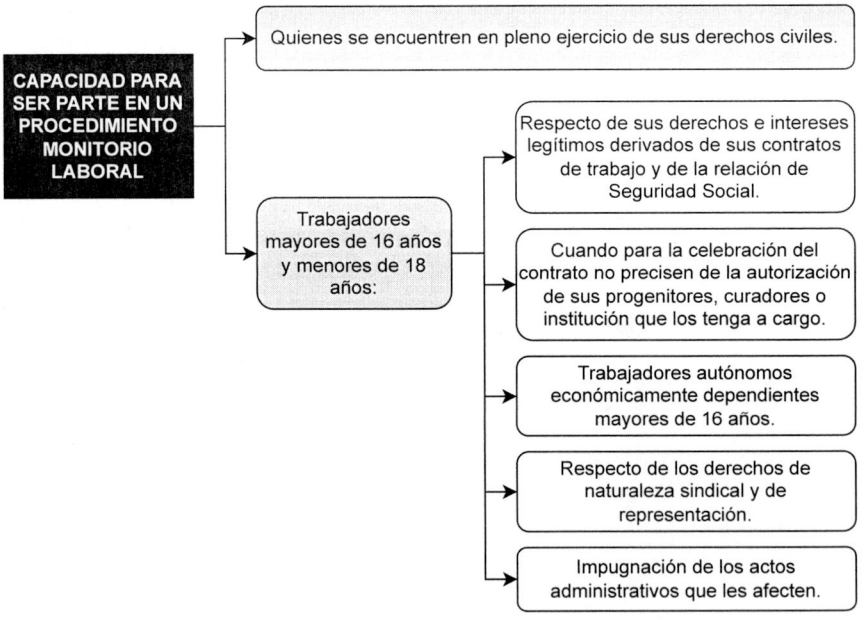

## ‖ Postulación y defensa

Conforme a los **artículos 18 y 21 de la LRJS,** las partes podrán comparecer por sí mismas o conferir su representación a abogado, procurador, graduado social o cualquier persona que se encuentre en el pleno ejercicio de sus derechos civiles, representación que podrá conferirse por poder otorgado por comparecencia ante el letrado o letrada de la Administración de Justicia, a través del registro electrónico de apoderamientos *apud acta* o mediante escritura pública. La representación técnica por graduado social colegiado y la defensa por abogado tendrá carácter facultativo en la instancia.

> **A TENER EN CUENTA.** El artículo 18.1 de la LRJS fue objeto de modificación por el Real Decreto-ley 6/2023, de 19 de diciembre, en vigor a partir del 20 de marzo de 2024, fecha a partir de la cual las partes podrán comparecer ante el letrado o letrada de la Administración de Justicia a través del registro electrónico de apoderamiento apud acta además de por escritura pública, como ya se contemplaba originariamente.

## Deudas susceptibles de reclamación en el proceso monitorio laboral

En el proceso monitorio laboral se podrán reclamar las siguientes deudas:

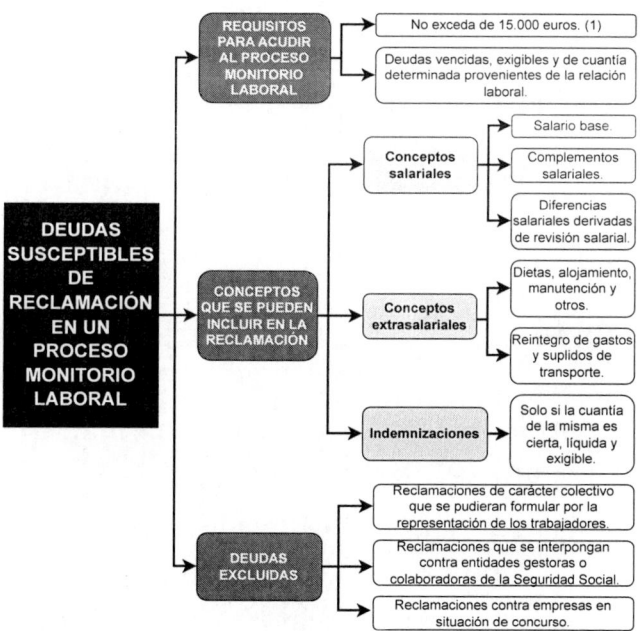

(1) Desde el 20/03/24 se incrementa de 6.000 a 15.000 euros la cantidad por la que se puede reclamar mediante el procedimiento monitorio laboral.

### Acumulación de acciones en el proceso monitorio laboral

Se aplicará lo regulado en el **art. 25.3 de la LRJS, que ha sido objeto de reforma por el Real Decreto-ley 6/2023, de 19 de diciembre,** por lo que, **a partir del 20 de marzo de 2024**, su redacción es la que sigue:

«También podrán acumularse, ejercitándose simultáneamente, las acciones que uno o varios actores tengan contra uno o varios demandados, siempre que entre esas acciones exista un nexo por razón del título o causa de pedir. Se entenderá que el título o causa de pedir es idéntico o conexo cuando las acciones se funden en los mismos hechos o en una misma o análoga decisión empresarial o en varias decisiones empresariales análogas.

Si en estos casos, el actor o los actores no ejercitan conjuntamente las acciones, el juzgado deberá acordar la acumulación de los procesos, de conformidad con lo dispuesto en el artículo 28, salvo cuando aprecie, de forma motivada, que la acumulación podría ocasionar perjuicios desproporcionados a la tutela judicial efectiva del resto de intervinientes».

---

**A TENER EN CUENTA**. Antes de la entrada en vigor de la reforma operada en el artículo 25.3 de la LRJS por el Real Decreto-ley 6/2023, de 19 de diciembre, es decir el 20 de marzo de 2024, la redacción del artículo será la siguiente: «3. También podrán acumularse, ejercitándose simultáneamente, las acciones que uno o varios actores tengan contra uno o varios demandados, siempre que entre esas acciones exista un nexo por razón del título o causa de pedir. Se entenderá que el título o causa de pedir es idéntico o conexo cuando las acciones se funden en los mismos hechos».

---

Si se ejercitaran acciones indebidamente acumuladas, el letrado de la Administración de Justicia requerirá al demandante para que, en el **plazo de 4 días**, subsane el defecto, eligiendo la acción que pretende mantener. En caso de que no lo hiciera, o si se mantuviera la circunstancia de no acumulabilidad entre las acciones, dará cuenta al tribunal para que este, en su caso, acuerde el archivo de la demanda **(art. 27 de la LRJS)**.

# 5.1. ¿Qué deudas se pueden reclamar?

### Requisitos de las deudas para iniciar el proceso monitorio laboral

Teniendo en cuenta que la posibilidad de seguir este proceso en lugar del ordinario es opcional, el trabajador podrá utilizar esta opción o posibilidad cuando concurran los siguientes requisitos (art. 101 de la LRJS):

- Que la cuantía reclamada no exceda de 15.000 euros.
- Que se trate de deudas vencidas, exigibles y de cuantía determinada provenientes de la relación laboral.

- Que no sean de carácter colectivo formulables por la representación legal de los trabajadores.
- Que los empresarios no se encuentren en situación de concurso.
- Que no se interpongan contra entidades gestoras o colaboradoras de la Seguridad Social.

> **A TENER EN CUENTA**. No sería posible acudir al proceso monitorio si faltase alguno de los anteriores condicionantes.

## Excepciones al proceso monitorio

Quedan excluidas de este proceso:

- Las reclamaciones de carácter colectivo que se pudieran formular por la representación de los trabajadores.
- Las reclamaciones que se interpongan contra las entidades gestoras o colaboradoras de la Seguridad Social.
- Reclamaciones frente a empresarios declarados en situación de concurso.

## Ámbito objetivo del proceso monitorio laboral

Como se ha dicho, en proceso monitorio son reclamables las **cantidades vencidas, exigibles y de cuantía determinada, no superiores a 15.000 euros**. Aquí podemos incluir:

- Conceptos salariales (salario base, complementos personales o de puesto o por mayor cantidad o calidad de trabajo, diferencias respecto de convenio o derivadas de revisión salarial de convenio, etc.).
- Conceptos extrasalariales (dietas, reintegro de gastos y suplidos de transporte, alojamiento, manutención u otros).
- Las solicitudes monitorias sobre indemnizaciones se discuten por la doctrina, para lo que habrá de exigirse en todo caso que el requerimiento pueda serlo de cuantía cierta, líquida y exigible. Por el proceso monitorio pueden reclamarse conceptos como la indemnización por despido objetivo, ya que la LRJS se refiere a «cantidades», no a salarios solo, y una indemnización por despido objetivo, aparte de otras, es «cantidad» y lo es «vencida, exigible, líquida y derivada de la relación laboral», siempre, que no haya controversia sobre su cuantificación o se acepte la que señala la empresa en su carta.

> **A TENER EN CUENTA**. A raíz de la reforma operada por el Real Decreto-ley 6/2023, de 19 de diciembre, y con efectos de 20/03/2024, de reforma el art. 101 de la LRJS: el límite de la cuantía reclamable por este proceso se incrementa a 15.000 euros (hasta 19/03/2024: 6.000 euros) y se modifica la actuación del LAJ y el FOGASA para agilizar el proceso.

# 5.2. Petición inicial del proceso monitorio laboral

## Presentación de solicitud del monitorio laboral

**A TENER EN CUENTA**. Por la reforma realizada por la LO 1/2025, de 2 de enero, una vez implantados de forma efectiva los tribunales de instancia (D.T.1.ª), todas las referencias realizadas a los juzgados unipersonales se entenderán realizadas a las secciones del orden jurisdiccional correspondiente de los tribunales de instancia, en este caso a la sección de lo social.

El proceso monitorio comienza mediante **petición inicial** que se presentará, preferentemente, por medios informáticos, si se dispone de ellos, pudiendo extenderse en el modelo o formulario que se facilite al efecto.

**¿Dónde habrá de presentarse territorialmente la solicitud?** Habrá que estarse a las normas generales del artículo 10 de la LRJS:

- **Regla general:** a elección del demandante, el juzgado de lo social/ sección de lo social del tribunal de instancia del lugar de prestación de los servicios o el del domicilio del demandado.

- Si los **servicios se prestan en lugares de distintas circunscripciones territoriales**: podrá el trabajador elegir entre el juzgado de lo social/ sección de lo social del tribunal de instancia de su domicilio; el del contrato, si encontrándose en él el demandado pudiera ser citado, o el del domicilio del demandado.

- En caso de **varios demandados**: si se opta por el fuero de domicilio, el actor podrá elegir el de cualquiera de los demandados.

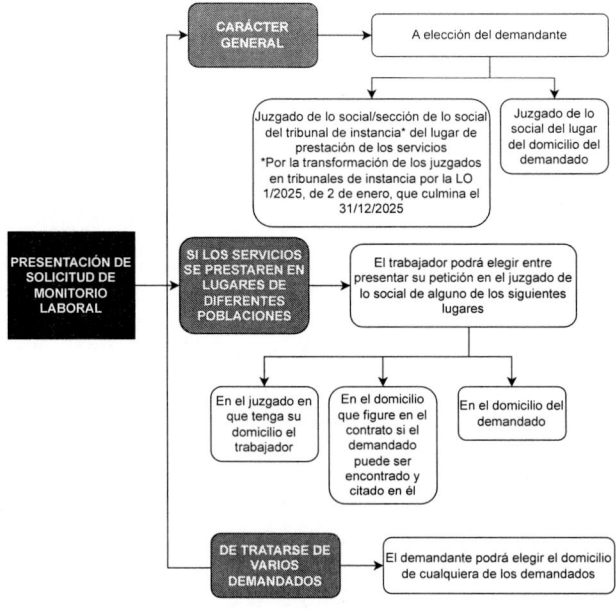

## ¿Cuál será el contenido de la petición inicial del proceso monitorio laboral?

Conforme al art. 101 de la LRJS (con efectos de 20/03/2024), en la petición inicial se expresarán:

- La identidad completa y precisa del empresario deudor (datos de identificación fiscal, domicilio completo y demás datos de localización informáticos y telefónicos).

- La identidad completa y precisa del demandante.

- El detalle y desglose de los concretos conceptos, cuantías y períodos reclamados.

- Copia del contrato, recibos de salarios, comunicación empresarial o reconocimiento de deuda, certificado o documento de cotización o informe de vida laboral, u otros documentos análogos de los que resulte un principio de prueba de la relación laboral y de la cuantía de la deuda.

> **A TENER EN CUENTA**. Respecto a la identificación del domicilio es una carga u obligación de demandante y demandado mantener actualizado en todo momento el domicilio a efectos de notificación. Debiéndose comunicar los cambios relativos a su número de teléfono, fax, dirección electrónica o similares, siempre que estos últimos estén siendo utilizados como instrumentos de comunicación con el tribunal.

## Documentación necesaria para la solicitud del proceso monitorio laboral

La normativa no aporta una lista cerrada de documentos a aportar. No obstante, hemos de tener en cuenta la necesidad de acreditar la deuda con algún documento adecuado para acudir a este procedimiento.

Los documentos que deben acompañar la petición inicial del proceso monitorio son:

- Copia del contrato.

- Recibos de salarios.

- Comunicación empresarial o reconocimiento de deuda.

- Certificado o documento de cotización o informe de vida laboral.

- Cualesquiera otros documentos análogos de los que resulte un principio de prueba de la relación laboral y de la cuantía de la deuda.

- Documentación justificativa de haber intentado la previa conciliación o mediación, cuando esta sea exigible conforme a la ley procesal.

- En el caso de documentos privados, deberán presentarse los originales o copia debidamente autenticada. En caso de presentarse copia simple, surtirá los mismos efectos que la original siempre que las otras partes no cuestionen su validez.

- Junto con la petición inicial será necesario presentar tantas copias de la misma y de los documentos adjuntos como personas o entidades contra las que se dirija la reclamación.

# 5.3. Admisión y sobreseimiento

## Examen de la petición de proceso monitorio laboral y su admisión

El letrado de la Administración de Justicia procederá a la **comprobación de los requisitos establecidos en el apdo. a) artículo 101 de la LRJS**, completando, en su caso, los indicados en la solicitud con otros domicilios, datos de identificación o que afecten a la situación empresarial, utilizando a tal fin los medios de que disponga el tribunal, y concederá trámite de subsanación por cuatro días de cualquier defecto que apreciare, salvo que sean insubsanables.

En caso de apreciar defectos insubsanables, o de no subsanarse en plazo los apreciados, dará cuenta al juez o jueza para que resuelva sobre la admisión o inadmisión de la petición.

---

**A TENER EN CUENTA**. Aunque no lo indique dicho precepto, con aplicación analógica del artículo 206 de la Ley de Enjuiciamiento Civil, este debe resolver, mediante auto, dado que se trata de una cuestión estrechamente vinculada al derecho fundamental a la tutela judicial efectiva del artículo 24 de la Constitución española.

---

## Actuaciones posteriores a la admisión de proceso monitorio laboral

De ser admisible la petición, requerirá al empresario para que, en el plazo de diez días, pague directamente al trabajador, acreditándolo ante el tribunal, o comparezca ante éste y alegue sucintamente, en escrito de oposición, las razones por las que, a su entender, no debe, en todo o en parte, la cantidad reclamada, con apercibimiento de que de no pagar la cantidad reclamada ni comparecer alegando las razones de la negativa al pago, se despachará ejecución contra él.

Del requerimiento se dará traslado por igual plazo al Fondo de Garantía Salarial, plazo que se ampliará respecto del mismo por otros diez días más, si manifestase que necesita efectuar averiguaciones sobre los hechos de la solicitud, en especial sobre la solvencia empresarial.

Tras el requerimiento de pago al demandado existes las siguientes **posibilidades**:

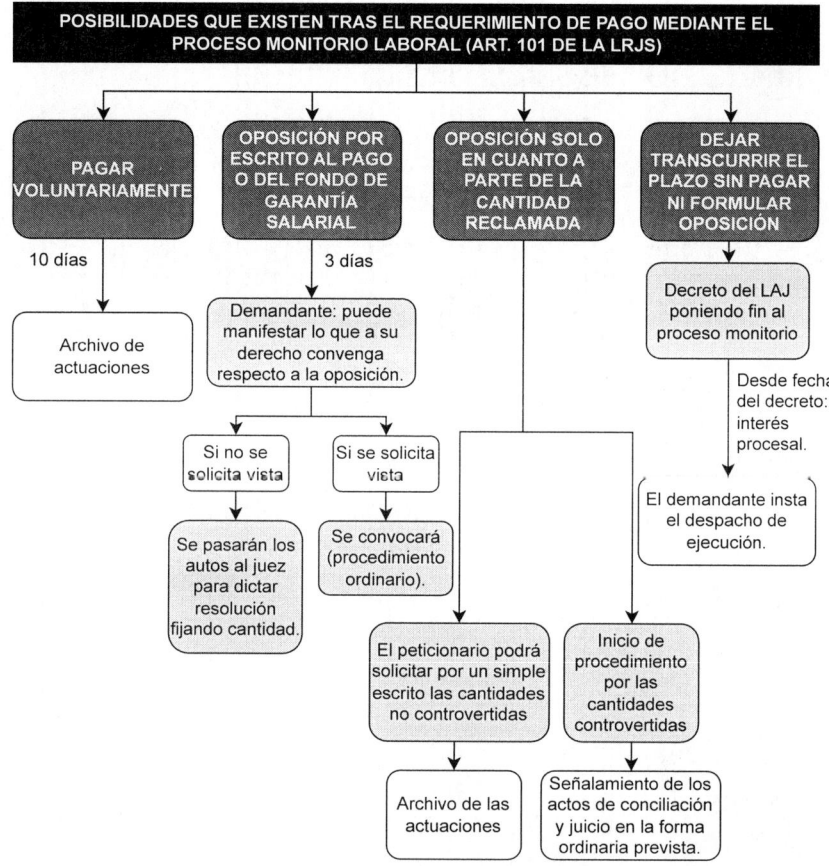

**POSIBILIDADES QUE EXISTEN TRAS EL REQUERIMIENTO DE PAGO MEDIANTE EL PROCESO MONITORIO LABORAL (ART. 101 DE LA LRJS)**

PAGAR VOLUNTARIAMENTE

OPOSICIÓN POR ESCRITO AL PAGO O DEL FONDO DE GARANTÍA SALARIAL

OPOSICIÓN SOLO EN CUANTO A PARTE DE LA CANTIDAD RECLAMADA

DEJAR TRANSCURRIR EL PLAZO SIN PAGAR NI FORMULAR OPOSICIÓN

10 días

3 días

Archivo de actuaciones

Demandante: puede manifestar lo que a su derecho convenga respecto a la oposición.

Decreto del LAJ poniendo fin al proceso monitorio

Desde fecha del decreto: interés procesal.

Si no se solicita vista

Si se solicita vista

El demandante insta el despacho de ejecución.

Se pasarán los autos al juez para dictar resolución fijando cantidad.

Se convocará (procedimiento ordinario).

El peticionario podrá solicitar por un simple escrito las cantidades no controvertidas

Inicio de procedimiento por las cantidades controvertidas

Archivo de las actuaciones

Señalamiento de los actos de conciliación y juicio en la forma ordinaria prevista.

*Si no hubiera sido posible notificar personalmente el requerimiento de pago a la persona empleadora se dictará resolución convocando vista siguiendo la tramitación del procedimiento ordinario.*

## || Sobreseimiento del proceso monitorio

El sobreseimiento del monitorio **no implica la pérdida de acción** siempre que la misma no se halle prescrita o, más raramente, caducada.

En todo caso, el auto de inadmisión no impide al trabajador accionante instar un nuevo juicio monitorio con el defecto subsanado o bien plantear el correspondiente proceso ordinario en reclamación de cantidad [letras d) y e), art. 101 de la LRJS].

**A TENER EN CUENTA**. El artículo 101 de la LRJS ha sido objeto de reforma por el Real Decreto-ley 6/2023, de 19 de diciembre, con efectos desde el 20 de marzo de 2024, y el límite de la cuantía reclamable por este proceso se incrementa a 15.000 euros (hasta 19/03/2024: 6.000 euros) y se modifica la actuación del LAJ y el FOGASA para agilizar el proceso.

En este sentido, la **sentencia del Tribunal Superior de Cataluña, n.º 3532/2013, de 21 de mayo, ECLI:ES:TSJCAT:2013:5243** reza:

> «En todo caso, el Auto de inadmisión no impide al trabajador accionante instar un nuevo juicio monitorio con el defecto subsanado o bien plantear el correspondiente proceso ordinario en reclamación de cantidad. Esto es, precisamente, lo que da a entender el Auto aquí impugnado. Es por ello que la transformación a declarativo sólo procede en los casos específicos de oposición en tiempo y forma del deudor y de requerimiento de pago que no haya podido notificarse al deudor cuando el acreedor presente demanda en el plazo de 4 días (art. 101, letras e) y f), LRJS). De este modo, el sobreseimiento del monitorio no implica la pérdida de acción siempre que la misma no se halle prescrita o, más raramente, caducada».

### Efectos del pago de la deuda mediante proceso monitorio

Si se produce el pago total se archiva el procedimiento y se entrega la cantidad al solicitante; si el pago es parcial prosigue el trámite por la diferencia.

Si no se produce ni el pago ni se formula oposición, el letrado de la Administración de Justicia da traslado al demandante para que con una simple solicitud inste la ejecución.

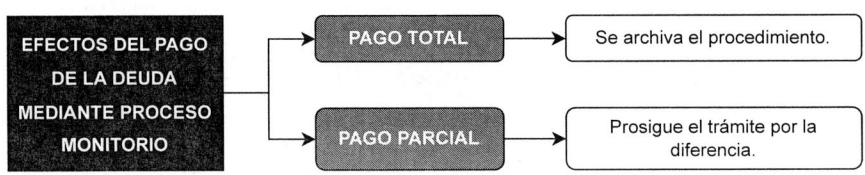

# 5.4. Finalización del proceso

### ¿Cómo finaliza el procedimiento monitorio laboral?

Transcurrido el plazo conferido en el requerimiento, de haberse abonado o consignado el importe total se archivará el proceso, previa **entrega de la cantidad al solicitante**.

**De no haber mediado oposición por parte del empresario o del Fondo de Garantía Salarial**, el letrado de la Administración de Justicia dictará decreto dando por terminado el proceso monitorio y dará traslado al demandante para que inste el despacho de ejecución, bastando para ello con la mera solicitud.

Desde la fecha de este decreto se devengará el interés procesal del apartado 2 del artículo 251 de la LRJS. Contra el auto de despacho de la ejecución, conteniendo la orden general de ejecución, procederá oposición según lo previsto en el apartado 4 del artículo 239 de la LRJS y pudiendo alegarse a tal efecto la falta de notificación del requerimiento. Contra el auto resolutorio de la oposición no procederá recurso de suplicación.

En caso de **insolvencia o concurso posteriores**, el auto de despacho de la ejecución servirá de título bastante, a los fines de la garantía salarial que proceda según la naturaleza originaria de la deuda; si bien no tendrá eficacia de cosa juzgada, aunque excluirá litigio ulterior entre empresario y trabajador con idéntico objeto y sin perjuicio de la determinación de la naturaleza salarial o indemnizatoria de la deuda y demás requisitos en el expediente administrativo oportuno frente a la institución de garantía, en su caso

De haber **oposición del demandado en plazo** (10 días) **y forma** (sucinta), se dará traslado a la parte demandante para que manifieste en tres días lo que a su derecho convenga respecto a la oposición. Si las partes no solicitan vista, pasarán los autos al juez o jueza para dictar resolución fijando la cantidad concreta por la que despachar ejecución. Si se solicitara vista, se convocará la misma siguiendo la tramitación del procedimiento ordinario.

> **A TENER EN CUENTA**. El archivo no supone perjuicio para el actor, quien podrá formular nueva demanda siguiendo el procedimiento ordinario (arts. 80-100 del LRJS).

**De haber oposición del demandado solo en cuanto a parte de la cantidad reclamada**, el demandante podrá solicitar del juzgado/de la sección de lo social del tribunal de instancia que se dicte auto acogiendo la reclamación en relación con las cantidades reconocidas o no impugnadas. Este auto servirá de título de ejecución, que el demandante podrá solicitar mediante simple escrito sin necesidad de esperar a la resolución que recaiga respecto de las cantidades controvertidas.

**CUESTIÓN**

**¿Qué ocurrirá en caso de que no sea posible notificar el requerimiento de pago en la forma exigida?**

Si no hubiera sido posible notificar personalmente en la forma exigida el requerimiento de pago se dictará resolución convocando vista siguiendo la tramitación del procedimiento ordinario.

> **A TENER EN CUENTA**. Del requerimiento se dará traslado por igual plazo al Fondo de Garantía Salarial, plazo que se ampliará respecto del mismo por otros diez días más, si manifestase que necesita efectuar averiguaciones sobre los hechos de la solicitud, en especial sobre la solvencia empresarial [art. 101 a) de la LRJS].

# 6.
# EL PROCESO MONITORIO NOTARIAL

## Proceso monitorio por deudas dinerarias no contradichas

Los artículos 70 y 71 de la Ley del Notariado, de 28 de mayo de 1862, contempla el **procedimiento para reclamar notarialmente deudas dinerarias no contradichas.**

Podrán reclamarse por esta vía las deudas dinerarias de naturaleza civil o mercantil, cualquiera que sea su cuantía y origen, siempre y cuando:

- Sean líquidas, determinadas, vencidas y exigibles.
- Se encuentren acreditadas documentalmente de manera indubitada, a juicio del notario.
- Aparezcan desglosados el importe principal, los intereses remuneratorios y los intereses de demora.

Si bien, los dos elementos fundamentales del monitorio notarial son:

- La **documentación de la deuda**.
- El **requerimiento efectivo del deudor**, este se convierte en elemento fundamental en tanto su práctica dotará, en caso de que el deudor no formule oposición al requerimiento, de fuerza ejecutiva al documento notarial.

En este sentido la **Audiencia Provincial de Barcelona a través de su auto n.º 300/2018, de 15 de octubre, ECLI:ES:APB:2018:6272A**, señala:

> «(...) De tal modo que la **notificación y requerimiento constituye un elemento al que el artículo 70 dota de especial trascendencia regulando cómo ha de realizarse el mismo**, exigiendo la forma personal, y estableciendo de forma concreta qué personas, si el deudor no es hallado, pueden recibir el mismo, con distinción según el deudor sea una persona física o jurídica».

También es interesante a estos efectos el **auto de la Audiencia Provincial de Valencia n.º 68/2023, de 24 de febrero, ECLI:ES:APV:2023:819A**, que reza como sigue:

«En el escrito de oposición formulado por la representación procesal de Dña. Berta, se alegó este motivo de oposición, esencialmente por tener la condición de consumidora, y no poder reclamarse por la vía del monitorio notarial, las deudas que deriven un contrato celebrado entre un empresario o profesional y un consumidor, sin bien el auto en el que se estima **la oposición se hace por no haber quedado acreditado el requerimiento notarial de pago al deudor y porque haberse opuesto a la reclamación por lo que el acta notarial no lleva aparejada ejecución**.

Del examen de los documentos aportados a los autos, costa que el acreedor requirió al notario para llevar a cabo dicho requerimiento, petición que se basó solo en la factura, sin que ni siquiera se aportara al Notario, el contrato de obra del que trae causa la reclamación, sin que tampoco se recoja ni en el requerimiento, ni en el acta por el notario, que la persona requerida no tiene la condición de consumidor, dado que la reclamación de deudas a consumidores y usuarios esta excluía del llamado monitorio notarial, en el que se exige una actitud activa del notario, a fin de calificar, prima facie, que la reclamación es de una deuda, vencida y exigible, y que no es alguna de las deudas que según el artículo 70 de la Ley del Notariado su reclamación está excluida por esta vía.

De la regulación de este proceso se deduce que si el deudor se niega a recibir el requerimiento, **de acuerdo con el artículo 70.5 de la Ley del Notariado, este se tendrá por realizado válidamente; como ocurre en el presente caso, toda vez que consta en el acta notarial, que el requerimiento se intentó llevar a cabo por el Notario personalmente en el domicilio del deudor, y que ante la ausencia del mismo se hizo dicho requerimiento por burofax que fue entregado a la parte apelada, y que esta se dio por requerida habiendo contestado por la misma forma oponiéndose a la deuda.**

Pero partiendo de que si la ejecutada y apelada se dio por requerida, y por lo tanto no cabe negar validez al requerimiento, si existen dos elementos que determina la nulidad del título, por un lado el carácter de consumidor de la apelada y ejecutada, y que el acta notarial del requerimiento solo es título ejecutivo a los efectos del artículo 517 de la Ley de Enjuiciamiento Civil, si en el plazo del requerimiento el deudor no comparece, o no alegare motivos de oposición de los que el Notario deberá dejar constancia."

CUARTO.- En el presente caso, tal y como se hizo constar en el acta notarial, la notificación se realizó correctamente en fecha 24 de noviembre de 2021, recogiendo el requerimiento quien indicó ser hija de la demandada, asumiendo la obligación de hacerle llegar el requerimiento y las advertencias efectuadas, y que transcurrió el plazo otorgado sin pago u oposición al requerimiento, por lo que, de conformidad con lo dispuesto en el art. 70.5 LN, resultando de la no comparecencia de la deudora en el plazo señalado, ello que comporta, sin perjuicio de los motivos de oposición que, en su caso puedan formularse, la conversión del acta notarial en título ejecutivo. El recurso debe ser estimado».

**No pueden reclamarse** mediante este expediente:

- Las **deudas derivadas de un contrato** entre un empresario o profesional y un consumidor o usuario.

- Las **deudas originadas por el impago** de cuotas o derramas a la comunidad de propietarios.

- Las **deudas de alimentos en las que estén interesados menores**, ni las que recaigan sobre materias indisponibles u operaciones sujetas a autorización judicial.

- Las **reclamaciones en la que esté afectada una Administración** pública.

---

**A TENER EN CUENTA**. El artículo 70 de la Ley del Notariado fue modificado por la Ley 8/2021, de 2 de junio, con efectos a partir del 3 de septiembre de 2021. La reforma afectó al apartado 1 c) del artículo, eliminando la mención a las personas con la capacidad modificada judicialmente, por lo que ahora únicamente se contempla la prohibición de reclamar deudas de alimentos a través del presente procedimiento en las que estén interesados menores o las que recaigan sobre materias indisponibles u operaciones sujetas a autorización judicial.

---

Pero **¿quién será competente para resolver este procedimiento?** De acuerdo con el artículo 70.1 de la Ley del Notariado, será competente **el notario con residencia en el domicilio del deudor, en la residencia habitual del deudor o en el lugar en que el deudor pudiera ser hallado**. Y, sobre la competencia del notario podemos citar el **auto de la Audiencia Provincial de Barcelona n.º 170/2019, de 28 de marzo, ECLI:ES:APB:2019:1276A,** al determinar la *«(...) incompetencia territorial de la Notaria actuante en el procedimiento notarial de reclamación de deudas que condujo al requerimiento fuera de su demarcación notarial al no coincidir el distrito notarial (Jerez de la Frontera) con el domicilio de la deudora sito en Granollers, siendo consciente de ello tanto la ejecutante como la propia Notario actuante»*.

Ahora bien, para iniciar el procedimiento podremos acudir al notario de nuestro domicilio o el que elijamos si, por ejemplo, el deudor es de otra provincia o comunidad autónoma, y ya se informará telemáticamente al notario competente para dar inicio al procedimiento.

El **procedimiento** para reclamar notarialmente una deuda se inicia con la solicitud del acreedor al notario del domicilio o residencia habitual del deudor o del lugar donde pueda ser localizado, para que este requiera de pago al deudor.

El notario, por su parte, para proceder al requerimiento deberá comprobar que la deuda está acreditada documentalmente y de manera indubitable, así como cerciorarse de que no falta ningún dato o documento de los exigidos.

Una vez comprobado que se reúnen todos los requisitos, el notario autorizará acta notarial que irá acompañada de los documentos que constituyan el título de la reclamación, y procederá a requerir al deudor para que, en el plazo de **20 días hábiles**, pague al peticionario.

Se entenderá **efectuado válidamente un requerimiento**:

- Aunque la persona localizada y efectivamente requerida rechace la documentación que acredita la deuda, que va a quedar a su disposición en la notaría.

- Se efectúe a cualquier empleado, familiar o persona que conviva con el deudor, siempre que sea mayor de edad, cuando se encuentre en su domicilio.

- Se efectúe en el lugar de trabajo no ocasional del destinatario, cuando este no estuviese, a la persona que estuviere a cargo de la dependencia destinada a recibir documentos u objetos.

Ante este requerimiento, el deudor puede **(artículo 71 de la Ley del Notariado)**:

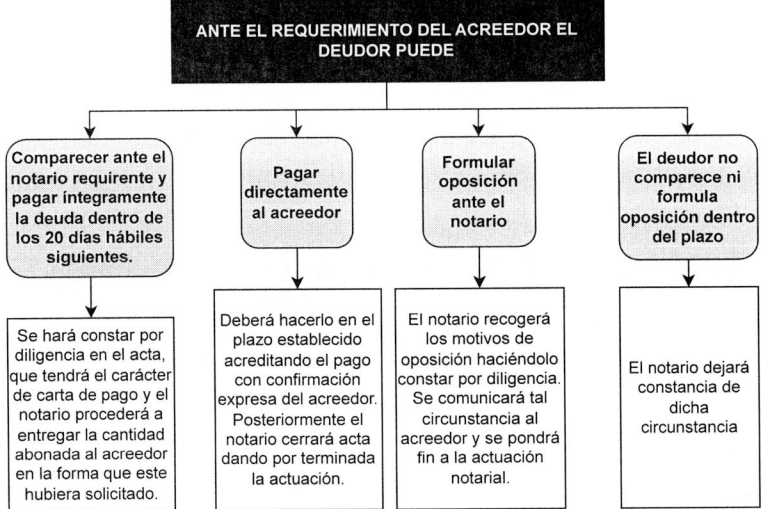

**CUESTIONES**

**1. En caso de que el deudor formule oposición poniendo fin, de esta manera a la actuación notarial, ¿podrá el acreedor acudir a la vía judicial para reclamar la deuda?**

**Sí**, de acuerdo con el artículo 71.2 de la Ley del Notariado, «una vez comunicada tal circunstancia al acreedor, se pondrá fin a la actuación notarial, quedando a salvo los derechos de aquel para la reclamación de la deuda en la vía judicial».

**2. En caso de requerir a varios deudores por una misma y única deuda ¿la oposición de uno de ellos podrá dar lugar al fin de la actuación notarial respecto de todos?**

**Sí**, en caso de la oposición de uno podrá dar lugar al fin de la actuación notarial respecto de todos, si la causa fuere concurrente, haciendo constar los pagos que hubiere podido realizar uno de ellos (art. 71.2 de la Ley del Notariado).

Como conclusión, es interesante mencionar el **auto de la Audiencia Provincial de Tarragona, n.º 24/2020, de 15 de enero, ECLI:ES:APT:2020:21A:**

> «Como es sabido, **la Ley 15/2015 de 2 de julio de la Jurisdicción Voluntaria ha modificado los Arts. 70 y 71 de la Ley del Notariado, regulando lo que la doctrina ha llamado el "monitorio notarial", el cual permite la reclamación de deudas vencidas, liquidas y exigibles sin limitación de cuantía, dotando al acreedor, en defecto de pago por parte del deudor, de un título ejecutivo,** pues de acuerdo con el art. 71 de la Ley del Notariado, el acta notarial en la que se recoja el documento de la deuda y el requerimiento del deudor, es título ejecutivo a los efectos del art. 517-2-9° LEC, título ejecutivo que permite al acreedor acudir al proceso de ejecución en el que el deudor puede oponerse alegando tanto motivos de fondo como de forma.
>
> Examinada el acta notarial comprobamos que el deudor F. FAIGES S. L. se opuso al requerimiento alegando una serie de hechos que cuestionaban el abono de la cantidad reclamada, por lo que de conformidad con lo dispuesto en el artículo 70 el acreedor podrá acudir a la vía judicial para hacer efectivo su derecho, pero no a la ejecución como pretende, sino a la vía declarativa, pues de conformidad con lo dispuesto en el artículo 71 el acta llevará aparejada ejecución únicamente cuando el deudor hubiere sido requerido en los términos establecidos en el artículo precedente, lo que aquí no ha sucedido. Se trata de un supuesto análogo al previsto en el art. 818-1 LEC para el proceso monitorio al que se equipara el supuesto».

# 7.
# EL PROCESO MONITORIO EUROPEO

## 7.1. Ámbito de aplicación

### El proceso monitorio europeo: ámbito de aplicación

El Reglamento (CE) n.º 1896/2006 del Parlamento Europeo y del Consejo, de 12 de diciembre de 2006, por el que se establece un proceso monitorio europeo, tiene por objeto simplificar, acelerar y reducir los costes de litigación en asuntos transfronterizos relativos a créditos pecuniarios no impugnados, mediante el establecimiento de un proceso monitorio europeo, y permitir la libre circulación de requerimientos europeos de pago a través de todos los Estados miembros, mediante el establecimiento de normas mínimas cuya observancia haga innecesario un proceso intermedio en el Estado miembro de ejecución con anterioridad al reconocimiento y a la ejecución.

> **A TENER EN CUENTA**. El Reglamento (CE) n.º 1896/2006, de 12 de diciembre, es aplicable a todos los países de la UE, con la excepción de Dinamarca.

El procedimiento monitorio europeo es un proceso muy rápido en el que solo se celebrará una vista ante el juez o jueza en el caso de que el deudor se oponga al requerimiento de pago.

#### CUESTIÓN

##### ¿Cuál es la finalidad del proceso monitorio europeo?

De acuerdo con el artículo 4 del Reglamento (CE) n.º 1896/2006, de 12 de diciembre, el proceso monitorio se establece con la finalidad de cobrar créditos que reúnan los siguientes requisitos:

- Pecuniarios.
- De cantidad determinada.
- Vencidos.
- Exigibles en la fecha en que se presenta la petición de requerimiento europeo de pago.

## || ¿En qué casos se aplica el proceso monitorio europeo?

Conforme al artículo 2 del Reglamento (CE) n.º 1896/2006, de 12 de diciembre, el proceso monitorio europeo se aplica en los asuntos transfronterizos en materia civil y mercantil, con independencia de la naturaleza del órgano jurisdiccional.

Quedan excluidos del ámbito de aplicación del proceso monitorio europeo los siguientes supuestos:

- Las materias fiscales, aduaneras o administrativas.
- Caso de responsabilidad estatal por actos u omisiones en el ejercicio de su autoridad.
- Los regímenes económicos matrimoniales, los testamentos y las sucesiones.
- La quiebra, los procedimientos de liquidación de empresas o de otras personas jurídicas insolventes, los convenios entre quebrado y acreedores y demás procedimientos análogos.
- La Seguridad Social.
- Los créditos derivados de obligaciones extracontractuales, a no ser que, o bien, hayan sido objeto de un acuerdo entre las partes o haya habido un reconocimiento de deuda, o bien se refieran a deudas líquidas derivadas de una comunidad de propietarios.

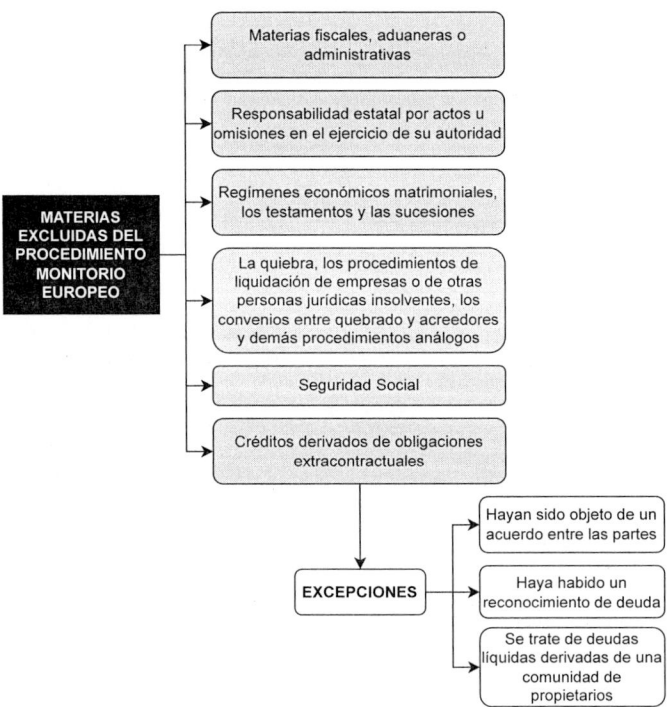

## || La competencia judicial en el proceso monitorio europeo

A efectos de la aplicación del presente Reglamento (CE) n.º 1896/2006, de 12 de diciembre, la competencia judicial vendrá determinada por las normas de derecho comunitario aplicables a la materia. En concreto, el artículo 6 del Reglamento (CE) n.º 1896/2006, de 12 de diciembre, hace alusión expresa al Reglamento (CE) n.º 44/2001 del Consejo, de 22 de diciembre de 2000, relativo a la competencia judicial, el reconocimiento y la ejecución de resoluciones judiciales en materia civil y mercantil, si bien este último ha sido derogado, con efectos desde el 10 de enero de 2015, por el Reglamento (UE) n.º 1215/2012 del Parlamento Europeo y del Consejo, de 12 de diciembre, que regula la competencia en sus artículos 4 y siguientes.

> **A TENER EN CUENTA**. El artículo 80 del Reglamento (UE) n.º 1215/2012 del Parlamento Europeo y del Consejo, de 12 de diciembre, prevé: «Queda derogado el Reglamento (CE) no 44/2001. Las referencias al Reglamento derogado se entenderán hechas al presente Reglamento y con arreglo a la tabla de correspondencias que figura en el anexo III».

**¿Qué ocurre con la competencia en los casos de créditos que se refieren a un contrato celebrado por un consumidor que resulta ser la persona demandada?** Pues bien, si el crédito se refiere a un contrato celebrado por una persona, el consumidor, para una finalidad ajena a su actividad profesional, y la parte demandada es aquel consumidor se atribuye la competencia a los órganos jurisdicciones del Estado miembro en el que esté domiciliada la persona demandada. A estos efectos, el artículo 6 del Reglamento (CE) n.º 1896/2006, de 12 de diciembre, remite a lo previsto en el artículo 59 del Reglamento (CE) n.º 44/2001 del Consejo, de 22 de diciembre de 2000, derogada esta norma la referencia debe entenderse hecha al artículo 62 del Reglamento (UE) n.º 1215/2012 del Parlamento Europeo y del Consejo, de 12 de diciembre, conforme al cual:

> «1. Para determinar si una parte está domiciliada en el Estado miembro cuyos órganos jurisdiccionales conozcan del asunto, el órgano jurisdiccional aplicará su ley interna.
> 2. Cuando una parte no esté domiciliada en el Estado miembro cuyos órganos jurisdiccionales conozcan del asunto, el órgano jurisdiccional, para determinar si dicha parte lo está en otro Estado miembro, aplicará la ley de dicho Estado miembro».

# 7.2. Inicio del monitorio europeo: ¿es necesario MASC?

## ¿Cómo se inicia el proceso monitorio europeo? ¿Es necesario MASC?

El **proceso monitorio europeo se inicia mediante la petición de requerimiento europeo de pago** que se efectuará conforme a lo previsto en el artículo 7 del Reglamento (CE) n.º 1896/2006, de 12 de diciembre. No obstante, antes de entrar en el análisis de dicha petición cabe plantearse la necesidad de un trámite previo a aquella, más concretamente la duda es si **para iniciar este tipo de procedimientos debe acudirse previamente a un medio adecuado de solución de controversias.**

Para resolver esta duda, hay que partir de las siguientes **premisas.**

En primer lugar, se establece con **carácter general el requisito de procedibilidad de la exigencia de MASC para la admisión de las demandas civiles**, como deriva del artículo 5 de la LO 1/2025, de 2 de enero.

En segundo lugar, tal y como se examina en el punto correspondiente, **este requisito es aplicable al proceso monitorio regulado en la LEC**, ya que no existe norma alguna que lo excluya de su exigencia, y ello a pesar de las opiniones discrepantes sobre su utilidad en este tipo de procedimientos y la consonancia con su finalidad.

En tercer y último lugar, hay que tener presente que **la regla general de la exigencia de MASC presenta toda una serie de excepciones** previstas de manera exhaustiva en los **apartados 2 y 3 del artículo 5 de la LO 1/2025, de 2 de enero.**

A la vista de lo anterior, la respuesta a la duda surgida es clara: **¿es necesario MASC en el proceso monitorio europeo? No**, y esto es así por la **exclusión expresa** que de dicho requisito efectúa el inciso final del **artículo 5.3 de la LO 1/2025, de 2 de enero**, cuando señala:

> «**Tampoco será preciso acudir a un medio adecuado de solución de controversias para presentar la petición de requerimiento europeo de pago** conforme al Reglamento (CE) n.º 1896/2006 del Parlamento Europeo y del Consejo, de 12 de diciembre de 2006, por el que se establece un proceso monitorio europeo, **o solicitar el inicio de un proceso europeo de escasa cuantía**, conforme al Reglamento (CE) n.º 861/2007 del Parlamento Europeo y del Consejo, de 11 de julio de 2007, por el que se establece un proceso europeo de escasa cuantía».

### ‖ La petición en el proceso monitorio europeo

Aclarada la no exigencia de MASC para iniciar el proceso monitorio europeo, el mismo comenzará con la **petición de requerimiento europeo de pago a través del formulario «A»** previsto en el Reglamento (CE) n.º 1896/2006, de 12 de diciembre. **¿Cómo se presentará dicha petición?** A través de los medios de comunicación electrónica previstos en el artículo 4 del Reglamento (UE) 2023/2844 del Parlamento Europeo y del Consejo, de 13 de diciembre, en papel o mediante cualquier otro medio de comunicación, incluido el soporte electrónico, aceptado por el Estado miembro de origen y disponible en el órgano jurisdiccional de origen.

---

**A TENER EN CUENTA**. El apartado 5 del artículo 7 del Reglamento (CE) n.º 1896/2006, de 12 de diciembre, ha sido modificado por el Reglamento (UE) 2023/2844 del Parlamento Europeo y del Consejo, de 13 de diciembre de 2023, sobre la digitalización de la cooperación judicial y del acceso a la justicia en asun-

---

tos transfronterizos civiles, mercantiles y penales, y por el que se modifican determinados actos jurídicos en el ámbito de la cooperación judicial, en vigor desde el 16 de enero de 2024. Dicha modificación es aplicable desde el 1 de mayo de 2025.

**CUESTIÓN**

**¿Es necesaria representación por abogado/a para la petición del requerimiento europeo de pago?**

A esta cuestión da respuesta el artículo 24 del Reglamento (CE) n.º 1896/2006, de 12 de diciembre, que niega la exigencia de representación por parte de abogado/a u otro/a profesional del derecho en el caso de la parte demandante y respecto de la petición del requerimiento europeo de pago.

### ¿Cuál es el contenido de la petición de requerimiento europeo de pago?

En ella deberá indicarse lo siguiente:

- Los nombres y direcciones de las partes y, si procede, de sus representantes, así como del órgano jurisdiccional ante el cual se ha presentado la petición.

- El importe de la deuda, incluido el principal y, en su caso, los intereses, las penalizaciones contractuales y las costas.

- Si se reclaman intereses sobre la deuda, el tipo de interés y el período respecto del cual se reclaman dichos intereses, a menos que se añada de oficio un interés legal al principal en virtud del derecho del Estado miembro de origen.

- La causa de pedir, incluida una descripción de las circunstancias invocadas como fundamento de la deuda y, en su caso, de los intereses reclamados.

- Una descripción de los medios de prueba que acrediten la deuda.

- Los criterios de competencia judicial.

- El carácter transfronterizo del asunto.

Asimismo, la parte demandante declarará en la petición que la información suministrada es verdadera y reconocerá que cualquier declaración falsa deliberada podría acarrearle las sanciones oportunas conforme al derecho del Estado miembro de origen.

La petición puede tener un **apéndice en el que la parte demandante podrá indicar** al órgano jurisdiccional:

- Cuál de los procesos —proceso europeo de escasa cuantía, si es aplicable, o el correspondiente proceso civil nacional— solicita que se aplique a su demanda en el procedimiento civil ulterior, en caso de que la parte demandada presente un escrito de oposición contra el requerimiento europeo de pago.

- Que se opone al traslado a un proceso civil en caso de oposición de la parte demandada. Esto no impide que la parte demandante informe ulteriormente de ello al órgano jurisdiccional, pero en todo caso antes de que se expida el requerimiento.

La petición deberá ir **firmada por la parte demandante o, si procede, por su representante** en la forma prevista en el artículo 7.6 del Reglamento (CE) n.º 1896/2006, de 12 de diciembre. Así, si la petición se ha presentado en soporte electrónico, el requisito de firmar la petición se cumplirá mediante una identificación electrónica con un nivel de seguridad alto o una firma electrónica cualificada. La firma electrónica será reconocida en el Estado miembro de origen sin que sea posible establecer requisitos adicionales.

No obstante, cuando exista un sistema electrónico de comunicación alternativo en el órgano jurisdiccional del Estado miembro de origen al que tenga acceso un determinado grupo de usuarios autentificados y prerregistrados, que permite identificar a aquellos de modo seguro, no se requerirá la firma electrónica. Si bien, los Estados miembros deberán informar a la Comisión sobre tales sistemas de comunicación.

---

**A TENER EN CUENTA**. El apartado 6 del artículo 7 del Reglamento (CE) n.º 1896/2006, de 12 de diciembre, ha sido modificado por el Reglamento (UE) 2023/2844 del Parlamento Europeo y del Consejo, de 13 de diciembre de 2023, sobre la digitalización de la cooperación judicial y del acceso a la justicia en asuntos transfronterizos civiles, mercantiles y penales, y por el que se modifican determinados actos jurídicos en el ámbito de la cooperación judicial, en vigor desde el 16 de enero de 2024. Dicha modificación es aplicable desde el 1 de mayo de 2025.

---

Recibida la petición de requerimiento europeo de pago, **el órgano jurisdiccional deberá examinar lo antes posible si aquella cumple los requisitos y es fundada.** Este examen puede revestir la forma de procedimiento automatizado. Pueden darse dos circunstancias:

- **No se cumplen los requisitos del artículo 7 del Reglamento (CE) n.º 1896/2006, de 12 de diciembre, sobre la petición de requerimiento europeo de pago:** se concede a la parte demandante la posibilidad de completar o rectificar la petición (formulario B), con la sola excepción de que sea manifiestamente infundada o inadmisible. A estos efectos, se señalará un plazo adecuado que podrá prorrogarse discrecionalmente.

- **Se cumplen todos los requisitos pero solamente respecto de una parte de la petición:** se informará a la parte demandante (formulario C) invitándole a aceptar o rechazar una propuesta de requerimiento europeo de pago por el importe fijado por el órgano jurisdiccional e informándole de las consecuencias de su decisión. La parte demandante responderá en el plazo que se le indique:

  » Responde aceptando la propuesta: se expide un requerimiento europeo de pago respecto de la parte de la petición aceptada.

  » No responde en el plazo indicado o rechaza la propuesta: se desestima íntegramente la petición de requerimiento europeo de pago.

**¿En qué casos podrá el órgano jurisdiccional desestimar la petición?**
Conforme al artículo 11 del Reglamento (CE) n.º 1896/2006, de 12 de diciembre, en los casos siguientes:

- Cuando no cumpla los requisitos previstos en los artículos 2, 3, 4, 6 y 7 del Reglamento (CE) n.º 1896/2006, de 12 de diciembre.

- La petición sea manifiestamente infundada.

- La parte demandante no envíe su respuesta en plazo en caso de que la petición se complete o rectifique.

- La parte demandante no envíe su respuesta en plazo en caso de modificación de la petición.

En caso de desestimación **¿cómo se procederá?** Se informará a la parte demandante de los motivos de la desestimación mediante el formulario D. La desestimación no obstará para que la parte demandante pueda reclamar su crédito mediante una nueva petición de requerimiento europeo de pago o por cualquier otro proceso establecido con arreglo al derecho de un Estado miembro.

No cabe recurso alguno contra la desestimación.

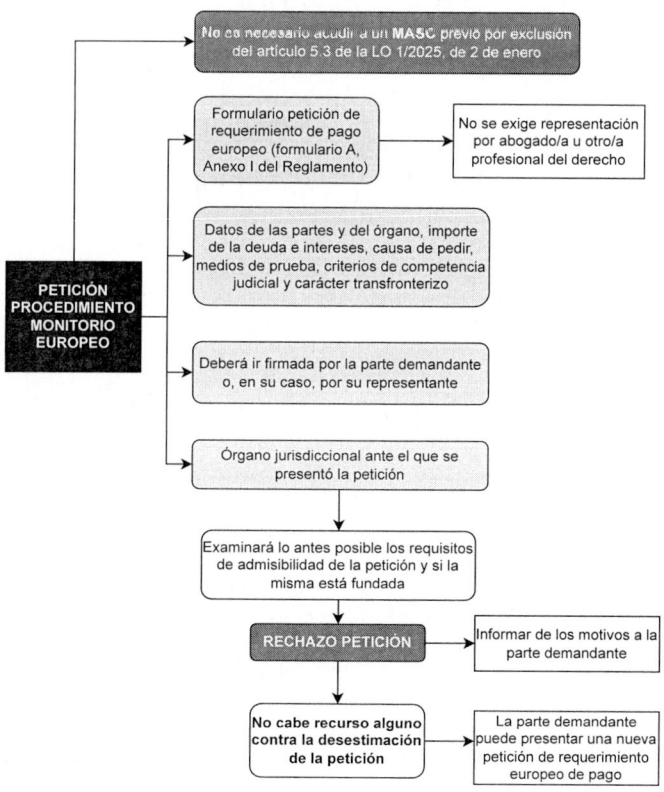

# 7.3. El requerimiento europeo de pago: expedición y notificación

Cumplidos los requisitos, el órgano jurisdiccional expedirá un requerimiento europeo de pago junto con una copia del formulario de petición. **¿En qué plazo se expedirá el requerimiento?** Se expedirá lo antes posible y, como regla general, en un plazo de 30 días desde la presentación de la petición.

> **A TENER EN CUENTA**. El plazo de 30 días no comprenderá el tiempo empleado por la parte demandante para completar, rectificar o modificar la petición.

Ante el requerimiento europeo de pago, **podrá la parte demandada optar por**:

- Pagar el importe indicado a la parte demandante.

- Oponerse al requerimiento a través de escrito enviado en un plazo de 30 días desde la notificación de aquel.

**¿Cuál será la información contenida en el requerimiento europeo de pago?** En él se informará a la parte demandada de que:

- El requerimiento fue expedido sobre la base de la información facilitada por la parte demandante, sin que haya sido comprobada por el órgano jurisdiccional.

- El requerimiento se hará ejecutivo a menos que se presente un escrito de oposición ante el órgano jurisdiccional.

- En caso de que se presente escrito de oposición, el proceso continuará ante los órganos jurisdiccionales del Estado miembro de origen, conforme a las normas del proceso civil ordinario que corresponda, a no ser que la parte demandante haya solicitado expresamente que, en dicho supuesto, se ponga fin al proceso.

## ¿Cómo se notificará el requerimiento europeo de pago a la parte demandada?

Antes de cualquier otra consideración, debemos tener en cuenta que la notificación de un requerimiento europeo de pago requiere la utilización del formulario normalizado.

El requerimiento europeo de pago se notificará a la parte demandada de conformidad con las disposiciones del derecho nacional del Estado en el que deba realizarse la notificación, es decir, si el deudor es de nacionalidad española la notificación deberá realizarse conforme a la legislación española.

Se distingue así entre:

### a) Notificación con acuse de recibo [art. 13 del Reglamento (CE) n.º 1896/2006, de 12 de diciembre]

Deberá realizarse la notificación de alguna de las formas siguientes:

- **Notificación personal acreditada por acuse de recibo**: ha de constar la fecha de recepción, firmado por la parte demandada.

- **Notificación personal acreditada por un documento**: firmado por la persona competente que la haya realizado, en el que declare que la parte demandada recibió el documento o que se negó a recibirlo sin motivo legítimo y en el que conste la fecha de la notificación.

- **Notificación por correo acreditada mediante acuse de recibo**: en el que conste la fecha de recepción, firmado y reenviado por la parte demandada.

- **Notificación por medios electrónicos** como telecopia o correo electrónico, acreditada mediante acuse de recibo, en el que conste la fecha de recepción, firmado y reenviado por la parte demandada.

> **A TENER EN CUENTA**. Tras la reforma operada por el Reglamento (UE) 2023/2844 del Parlamento Europeo y del Consejo, de 13 de diciembre de 2023, en vigor desde el 16 de enero de 2024, el requerimiento europeo de pago se podrá notificar o trasladar a la parte demandada por los medios de notificación y traslado electrónicos establecidos en los artículos 19 y 19 bis del Reglamento (UE) 2020/1784 del Parlamento Europeo y del Consejo, de 25 de noviembre. Esta modificación se aplica desde el 1 de mayo de 2025.

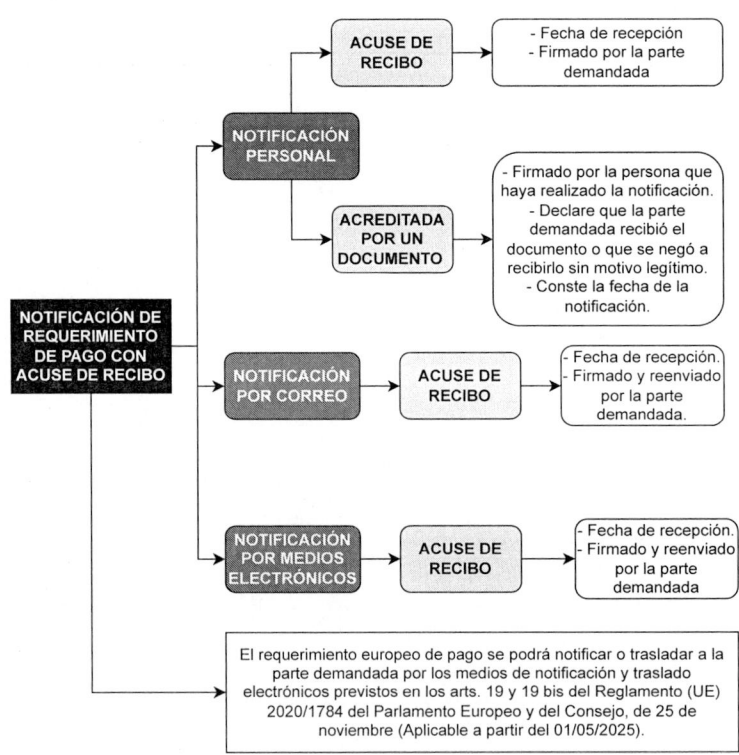

### b) Notificación sin acuse de recibo [art. 14 del Reglamento (CE) n.º 1896/2006, de 12 de diciembre]

Deberá realizarse la notificación de alguna de las formas siguientes:

- **Notificación personal**, en el domicilio de la parte demandada, a personas que vivan en la misma dirección que esta, o que estén empleadas en ese lugar.

- **Persona demandada que sea trabajadora por cuenta propia**, o de una persona jurídica, **notificación personal, en el establecimiento comercial de la parte demandada, a personas empleadas por ella.**

- **Depósito del requerimiento en el buzón de la parte demandada.**

- **Depósito del requerimiento en una oficina de correos o ante las autoridades públicas competentes** y notificación escrita de dicho depósito en el buzón de la parte demandada, si en la notificación escrita consta claramente el carácter judicial del escrito o el hecho de que tiene como efecto jurídico hacer efectiva la notificación y, por tanto, constituir la fecha de inicio del cómputo de los plazos pertinentes.

- **Notificación por correo sin acuse de recibo** con arreglo al artículo 14.3 del Reglamento (CE) n.º 1896/2006, de 12 de diciembre, cuando la persona demandada esté domiciliada en el Estado miembro de origen.

- **Por medios electrónicos con acuse de recibo** acreditado mediante una confirmación automática de entrega, siempre que la persona demandada haya aceptado expresamente con anterioridad este medio de notificación.

---

**A TENER EN CUENTA.** A efectos del Reglamento (CE) n.º 1896/2006, de 12 de diciembre, no será admisible la notificación con arreglo a lo dispuesto anteriormente, si no se conoce con certeza el domicilio de la persona demandada.

---

**CUESTIÓN**

**¿Qué documentos darán fe de la notificación?**

Conforme al artículo 14.3 del Reglamento (CE) n.º 1896/2006, de 12 de diciembre, dará fe de la notificación:

- Un documento firmado por la persona que haya efectuado la notificación en el que conste la forma utilizada en ella, la fecha de la misma y, cuando el requerimiento se notifique a persona distinta de la demandada, el nombre de dicha persona y su relación con la persona demandada.

- Un acuse de recibo de la persona que haya recibido la notificación en los casos de notificación personal.

# 7.4. Oposición y sus efectos

La persona demandada puede presentar un escrito de oposición ante el órgano jurisdiccional que haya expedido el requerimiento en cuestión. El escrito de oposición se enviará en un **plazo de 30 días desde la notificación a la persona demandada del requerimiento**. A efectos de la oposición, no se exigirá a la parte demandada representación por abogado/a u otro/a profesional del derecho [art. 24 del Reglamento (CE) n.º 1896/2006, de 12 de diciembre].

La parte demandada deberá indicar en su escrito de oposición que impugna la deuda, sin que esté obligado a motivarlo.

El escrito de oposición se presentará **a través de los medios de comunicación electrónica** previstos en el artículo 4 del Reglamento (UE) 2023/2844 del Parlamento Europeo y del Consejo, de 13 de diciembre, **en papel o mediante cualquier otro medio de comunicación, incluido el soporte electrónico**, aceptado por el Estado miembro de origen y disponible en el órgano jurisdiccional de origen.

El escrito de oposición deberá llevar la firma de la parte demandada o, en su caso, de su representante. No obstante, si se presenta en soporte electrónico **el requisito de firmar dicho escrito se cumplirá de conformidad con el artículo 7, apartado 3, del Reglamento (UE) 2023/2844, de 13 de diciembre**.

La firma electrónica será reconocida en el Estado miembro de origen sin que sea posible establecer requisitos adicionales.

No se requerirá la firma electrónica cuando exista un sistema electrónico de comunicación alternativo en el órgano jurisdiccional del Estado miembro de origen al que tenga acceso un determinado grupo de usuarios autentificados y prerregistrados, que permita la identificación de dichos usuarios de un modo seguro. En estos casos, los Estados miembros informarán a la Comisión acerca de tales sistemas de comunicación.

> **A TENER EN CUENTA**. Los apartados 4 y 5 del artículo 16 del Reglamento (CE) n.º 1896/2006, de 12 de diciembre, ha sido modificado por el Reglamento (UE) 2023/2844 del Parlamento Europeo y del Consejo, de 13 de diciembre de 2023, sobre la digitalización de la cooperación judicial y del acceso a la justicia en asuntos transfronterizos civiles, mercantiles y penales, y por el que se modifican determinados actos jurídicos en el ámbito de la cooperación judicial, en vigor desde el 16 de enero de 2024. Dicha modificación es aplicable desde el 1 de mayo de 2025.

### ¿Cuáles son los efectos de la oposición Efectos de la presentación de un escrito de oposición

En caso de que se presente un escrito de oposición en el plazo señalado, el proceso continuará ante los órganos jurisdiccionales competentes del Estado miembro de origen a menos que la parte demandante haya solicitado expresamente que, en dicho supuesto, se ponga fin al proceso.

El proceso continuará conforme a las normas:

- **Del proceso europeo de escasa cuantía** establecido en el Reglamento (CE) n.º 861/2007, de 11 de julio, de ser aplicable.
- Del **correspondiente proceso civil nacional.**

Cuando la parte demandante no haya indicado cuál de los procesos anteriormente enumerados, solicita que se aplique a su demanda en el procedimiento ulterior en caso de escrito de oposición o cuando haya solicitado que el proceso europeo de escasa cuantía establecido en el Reglamento (CE) n.º 861/2007, de 11 de julio, se aplique a una demanda que no entre en su ámbito de aplicación, el procedimiento se trasladará al correspondiente proceso civil nacional, a menos que la parte demandante haya solicitado expresamente que no se efectúe tal traslado.

Reclamado el crédito por la parte demandante a través del proceso monitorio europeo, el derecho nacional no perjudicará en ningún caso su posición en el proceso civil ordinario ulterior (el traslado al proceso civil ordinario se regirá por el derecho del Estado miembro de origen).

La parte demandante será informada de la presentación del escrito de oposición por parte de la demandada y de todo traslado al proceso civil ordinario.

## || Ejecutividad

Si en el plazo de 30 días señalado para presentar escrito de oposición no se ha presentado ninguno ante el órgano jurisdiccional de origen, este declarará ejecutivo sin demora el requerimiento europeo de pago valiéndose del formulario G que figura en el anexo VII.

El órgano jurisdiccional verificará la fecha de notificación. Sin perjuicio de lo anterior, los requisitos formales de ejecutividad se regirán por el derecho del Estado miembro de origen.

Por último, el órgano jurisdiccional enviará a la parte demandante el requerimiento europeo de pago ejecutivo.

Si un requerimiento europeo de pago adquiere fuerza ejecutiva en el Estado miembro de origen será reconocido y ejecutado en los demás Estados miembros sin que se requiera ninguna declaración de ejecutividad y sin posibilidad de impugnar su reconocimiento [art. 19 del Reglamento (CE) n.º 1896/2006, de 12 de diciembre].

**¿Cómo se llevará a cabo la ejecución?** Los procedimientos de ejecución se regirán por el derecho del Estado miembro de ejecución, de manera que si un requerimiento europeo de pago adquiere fuerza ejecutiva se ejecutará en las mismas condiciones que una resolución ejecutiva dictada en el Estado miembro de ejecución.

**CUESTIÓN**

**¿Puede exigirse caución o depósito a la persona demandante que solicite en un Estado miembro la ejecución de un requerimiento europeo de pago expedido en otro Estado miembro?**

No. Conforme al artículo 21.3 del Reglamento (CE) n.º 1896/2006, de 12 de diciembre, no se le podrá exigir en estos casos a la persona demandante caución o depósito alguno, sea cual fuere su denominación, por su condición de persona extranjera o por no estar domiciliada o no ser residente en el Estado miembro de ejecución.

**¿Puede denegarse la ejecución?** Sí, la persona demandada tiene la **posibilidad de solicitar la denegación de la ejecución de acuerdo con el artículo 22 del Reglamento (CE) n.º 1896/2006, de 12 de diciembre,** siempre que el requerimiento sea incompatible con una resolución o un requerimiento anterior en cualquier otro Estado miembro o en otro tercer país, cumpliendo los siguientes requisitos:

- La resolución o el requerimiento que se dictaron con anterioridad versen sobre el mismo objeto y se refieran a las mismas partes.

- La resolución o requerimiento anterior cumplan con las condiciones necesarias para ser reconocidas en el Estado miembro de ejecución.

- La incompatibilidad no se haya podido alegar durante el procedimiento judicial en el Estado miembro de origen.

También se denegará la ejecución, a instancia de la parte demandada, cuando haya pagado a la demandante el importe fijado en el requerimiento europeo de pago, y en la medida en que lo haya efectuado.

> **A TENER EN CUENTA**. En ningún caso podrá revisarse el requerimiento europeo de pago en cuanto al fondo en el Estado miembro de ejecución.

Asimismo, podrá suspenderse o limitarse la ejecución **¿en qué casos?** Pues bien, en el caso de que la parte demandada hubiera solicitado la revisión, a instancia de ella, el Estado miembro de ejecución podrá:

- Limitar el procedimiento de ejecución a medidas cautelares.

- Subordinar la ejecución a la constitución de una garantía que determinará dicho órgano jurisdiccional competente.

- En circunstancias excepcionales, suspender el procedimiento de ejecución.

# ANEXO.
## FORMULARIOS

# Modelo normalizado de proceso monitorio

**A TENER EN CUENTA.** El presente modelo normalizado se encuentra actualizado a la reforma operada por la LO 1/2025, de 2 de enero, por la que se crean los llamados tribunales de instancia sustituyendo a los juzgados unipersonales. A estos efectos, hay que tener presente que el proceso de transformación finaliza el 31 de diciembre de 2025 como se infiere de la D.T. 1.ª de la citada norma.

MODELO DE PROCESO MONITORIO

AL TRIBUNAL DE INSTANCIA DE............................................................................................

Don/Doña ........................................................................................................ , (en caso de actuar en representación de una entidad deberá especificar a continuación su denominación social), como representante de la entidad .......................................................................... , con DNI y NIF/CIF número ............................... , dirección de correo electrónico ......................................................... , domiciliado en la calle ....................................................................... , número ........ , piso .............. , de la ciudad de.............................................................., con número de teléfono .................................... y domicilio laboral en la calle ...................................................................., número ............... , piso .............. , de la localidad de ........................................ , fax n.° ..........................y dirección de correo electrónico ..........................................................

FORMULO PETICION INICIAL DE PROCESO MONITORIO EN RECLAMACIÓN DE (indique la cuantía que reclama) ..........................................................................................

contra:

Don/Doña ..............................................................................................................
con DNI NIF/CIF número ......................, domiciliado/a en la calle ...............................................,
número ........, de la ciudad de ..................................................., número de teléfono ..................................,
n.° de fax ..................................y dirección de correo electrónico ..........................................................
(de conocer otros domicilios del deudor especifíquelos a continuación) .........................................................
..................................................................................................................

La cantidad reclamada tiene origen en las relaciones mantenidas entre las partes y, concretamente (relate brevemente los hechos que han originado la deuda)................................................................................:

☐
¹arque una de las siguientes opciones:).

☐ Con carácter previo a la interposición de esta demanda se llevó a cabo un proceso negociador con
☐ parte demandada en cumplimiento del requisito de procedibilidad e intento de resolver el litigio en a no jurisdiccional.

☐ Con carácter previo a la interposición de esta demanda no se llevó a cabo un proceso negociador

☐

ɔn la parte demandada por desconocer su domicilio o el medio por el que puede ser requerido.

☐ Con carácter previo a la interposición de esta demanda se intentó llevar a cabo un proceso negociador con la parte demandada pero no se obtuvo respuesta. .............................................................

.......................................................................................................................................................

En atención a lo expuesto, PIDO AL TRIBUNAL DE INSTANCIA:

1.º Que se requiera a la/s persona/s deudora/s para que, en el plazo de veinte días, pague/n la cantidad de ........................................................................................................, y para el caso de que en dicho plazo no atienda/n el requerimiento o no comparezca/n alegando razones de la negativa de pago, se dicte decreto dando por terminado el proceso monitorio y se me dé traslado del mismo para que pueda instar el despacho de ejecución.

2.º Que si la persona/s deudora/s se opone/n por escrito alegando razones para negarse total o parcialmente al pago, se dé por terminado el monitorio y se acuerde seguir por los trámites del juicio verbal, dándome traslado de la oposición para poder impugnarla por escrito en diez días.

En ........................................................ , a ....... de ..........................................de .................

Firma:

# Modelo de oferta vinculante confidencial (MASC, LO 1/2025)

> **A TENER EN CUENTA.** Este formulario será aplicable a partir del 03/04/2025, fecha de entrada en vigor de la regulación sobre los medios adecuados de solución de controversias en vía no jurisdiccional (MASC) prevista en la LO 1/2025, de 2 de enero.

## OFERTA VINCULANTE CONFIDENCIAL

**Don/Doña** [NOMBRE LETRADO/A] **(1),** con número de colegiado/a [NÚMERO COLEGIADO] del Ilustre Colegio de Abogados de [LOCALIDAD], emito oferta vinculante en nombre y representación de don/doña [NOMBRE CLIENTE] mayor de edad, con domicilio en [DOMICILIO], representación que acredito mediante copia de la escritura de apoderamiento que acompaño como **documento n.º** [NÚMERO], **hacia don/doña** [NOMBRE PARTE CONTRARIA], mayor de edad con domicilio en [DOMICILIO].

La oferta vinculante que esta parte emite consta de los siguientes extremos:

**PRIMERO.-** Entre don/doña [NOMBRE CLIENTE] y don/doña [NOMBRE PARTE CONTRARIA] ha surgido una controversia en torno a [OBJETO CONTROVERSIA].

**SEGUNDO.-** Esta parte como oferta vinculante para dar solución a la anterior controversia se compromete a abonar a don/doña [NOMBRE PARTE CONTRARIA] la cantidad de [CANTIDAD EN LETRA] euros ([CANTIDAD EN NÚMERO] €).

**TERCERO.-** La presente oferta vinculante es confidencial, de acuerdo con lo establecido en el **artículo 17 de la LO 1/2025, de 2 de enero.**

**CUARTO.-** Don/Doña [NOMBRE PARTE CONTRARIA], en caso de aceptar la referida oferta, deberá hacerlo de forma expresa en el plazo de 1 mes a contar desde la recepción de la presente. **(2)**

Sin más dilación, solicito se tome en consideración la oferta planteada a efectos de terminar con la referida controversia a la mayor brevedad posible, si bien, en caso de ser rechazada la oferta, la misma decaerá y esta parte ejercitará las acciones legales que le corresponden ante los tribunales.

Atentamente les saluda:

En [LUGAR] a [FECHA].

Fdo. [LETRADO/A]

---

**(1)** De acuerdo con el **art. 6 de la LO 1/2025, de 2 de enero, apartado 2:** «Únicamente será preceptiva la asistencia letrada a las partes cuando se utilice como medio adecuado de solución de controversias la formulación de una oferta vinculante, excepto cuando la cuantía del asunto controvertido no supere los dos mil euros o bien cuando una ley sectorial no exija la intervención de letrado o letrada para la realización o aceptación de la oferta».

**(2)** En el caso de que la oferta vinculante sea rechazada, o no sea aceptada expresamente por la otra parte en el plazo de un mes o en cualquier otro plazo mayor establecido por la parte requirente, la oferta vinculante decaerá y la parte requirente podrá ejercitar la acción que le corresponda ante el tribunal competente, entendiendo que se ha cumplido el requisito de procedibilidad. Basta en este caso acreditar la remisión de la oferta a la otra parte por manifestación expresa en el escrito de demanda o en la contestación a la misma, en su caso, a cuyo documento procesal se ha de acompañar el justificante de haberla enviado y de que la misma ha sido recibida por la parte requerida, sin que pueda hacerse mención a su contenido (**art. 17.4 de la LO 1/2025, de 2 de enero**).

# Formulario de petición inicial de procedimiento monitorio con letrado/a y procurador/a

> **A TENER EN CUENTA.** Por la reforma realizada por la **LO 1/2025, de 2 de enero**, una vez implantados de forma efectiva los tribunales de instancia (**D.T. 1.ª**), todas las referencias realizadas a los juzgados unipersonales se entenderán realizadas a las secciones del orden jurisdiccional correspondiente de los tribunales de instancia.

> **A TENER EN CUENTA.** Desde el 03/04/2025 por la reforma realizada por la **LO 1/2025, de 2 de enero**, se exige para la admisión de las demandas civiles el haber acudido a un medio adecuado de solución de controversias (MASC). Es el **artículo 5 de la LO 1/2025, de 2 de enero**, el que determina estos casos. Si bien, a pesar de que el artículo 814 de la LEC no hace referencia a ello, como consecuencia de la exigencia de MASC en el proceso monitorio, el CGPJ ha señalado la necesidad de acompañar a la petición inicial bien el documento que acredite haber intentado alguno de los MASC o bien la declaración responsable de imposibilidad de llevar a cabo la actividad negociadora. Esta última en el caso de que se desconozca el domicilio de la parte demandada o el medio por el que puede ser requerido.

## AL JUZGADO DE PRIMERA INSTANCIA DE [LOCALIDAD]/A LA SECCIÓN CIVIL DEL TRIBUNAL DE INSTANCIA DE [LOCALIDAD] (1)

**Don/Doña** [NOMBRE_PROCURADOR/A_CLIENTE], procurador/a de los tribunales, en nombre y representación de **don/doña** [NOMBRE_CLIENTE], según acredito mediante poder especial para pleitos para su unión en autos por copia certificada con devolución del original/mediante poder apud acta que se acompaña como **documento n.º** [NÚMERO], bajo la dirección letrada de don/doña [NOMBRE_ABOGADO/A_CLIENTE], ante el juzgado/sección comparezco y, como mejor proceda en derecho,

### DIGO

Mediante el presente escrito vengo a formular **PETICIÓN INICIAL DE PROCESO MONITORIO** en reclamación de cantidad de [CANTIDAD_LETRA] euros ([CANTIDAD] €), en concepto de principal, más intereses y costas, **contra don/doña** [NOMBRE_PARTE_CONTRARIA]**,** con DNI número [NÚMERO_DNI] y con domicilio en [DOMICILIO_PARTECONTRARIA], y ello con base en los siguientes,

### HECHOS

**PRIMERO.-** Mi mandante, don/doña [NOMBRE_CLIENTE] se dedica profesionalmente al oficio de [PROFESIÓN], acordó con la parte demandada, a fecha [FECHA]

la compraventa de la siguiente mercancía [DESCRIPCIÓN], mercancía que fue entregada por mi poderdante en fecha [FECHA], sin que por parte de la demandada se procediese a realizar abono alguno de la cantidad estipulada.

Se acompaña como **documento n.º** [NÚMERO] copia del contrato suscrito entre las partes y como **documento n.º** [NÚMERO], albarán de entrega de la mercancía estipulada y como **documento n.º** [NÚMERO] factura n.º [NÚMERO] emitida por la venta meritada e impagada, cuya cuantía se reclama. **(2)**

**SEGUNDO.-** Sin embargo, y dado que por la parte demandada no se había procedido al pago de la factura citada, a fecha [FECHA] mi mandante requirió de pago al demandado mediante el envío de una carta certificada con acuse de recibo/burofax, copia de la cual se adjunta como **documento n.º** [NÚMERO].

**TERCERO.-** Agotadas todas las gestiones para obtener la satisfacción de mi crédito por vía amistosa, no ha quedado otra alternativa que la de acudir a la vía judicial para obtener el pago de las cantidades adeudadas.

A los anteriores hechos les son de aplicación los siguientes,

## FUNDAMENTOS DE DERECHO

### I.- JURISDICCIÓN Y COMPETENCIA

De aplicación lo dispuesto en el artículo 36 de la LEC y concordantes, en relación a lo dispuesto en la Ley Orgánica del Poder Judicial (LOPJ), concretamente en sus preceptos 21 y ss.

Es competente el Juzgado de 1ª Instancia/la Sección Civil al/a la que me dirijo en virtud de los artículos 45 y 813 de la Ley de Enjuiciamiento Civil, por ser el del domicilio del demandado/a. **(1)**

### II.- CAPACIDAD Y LEGITIMACIÓN

Está legitimado/a como parte activa, el/la demandante por ser el/la acreedor/a de la cantidad debida, en su calidad de profesional al que fueron comprados los materiales objeto de la factura que se reclama.

Está legitimado/a como parte pasiva, el/la demandado/a, por ser quien encargó los materiales objeto de la factura, y no haber abonado el importe de la misma.

### III.- REPRESENTACIÓN

No siendo preceptiva la asistencia letrada, ni la representación por medio de procurador/a, de conformidad con lo estipulado en el apdo. 2 del art. 814 de la LEC **(3)**, así como en los arts. 23.2.1.ª y 31.2.1.º del meritado texto legal al ser el presente escrito la petición inicial del procedimiento monitorio, esta parte acude asistida de letrado/a y representada por procurador/a en aras de atender lo preceptuado procesalmente para los trámites posteriores (en caso de impago), toda vez que la cuantía a reclamar hace preceptiva la intervención de dichos profesionales.

### IV.- MEDIOS ADECUADOS DE SOLUCIÓN DE CONTROVERSIAS «MASC»

Según lo establecido en el art. 5 de la LO 1/2025, de 2 de enero, las partes han acudido a [DESCRIPCIÓN PROCESO MASC] en los términos siguientes [ESPECIFICAR] **(4)**.

A estos efectos adjuntamos los siguientes documentos **(5)**:

- **Documento n.º** [NÚMERO].
- **Documento n.º** [NÚMERO].

## V.- PROCEDIMIENTO

Es de aplicación el procedimiento monitorio de conformidad con los **artículos 812 y siguientes de la Ley de Enjuiciamiento Civil**, concretando el propio **artículo 812 de la LEC**:

«1. Podrá acudir al proceso monitorio quien pretenda de otro el pago de deuda dineraria de cualquier importe, líquida, determinada, vencida y exigible, cuando la deuda se acredite de alguna de las formas siguientes:

1.ª Mediante documentos, cualquiera que sea su forma y clase o el soporte físico en que se encuentren, que aparezcan firmados por el deudor o con su sello, impronta o marca o con cualquier otra señal, física o electrónica.

2.ª Mediante facturas, albaranes de entrega, certificaciones, telegramas, telefax o cualesquiera otros documentos que, aun unilateralmente creados por el acreedor, sean de los que habitualmente documentan los créditos y deudas en relaciones de la clase que aparezca existente entre acreedor y deudor.

2. Sin perjuicio de lo dispuesto en el apartado anterior y cuando se trate de deudas que reúnan los requisitos establecidos en dicho apartado, podrá también acudirse al proceso monitorio, para el pago de tales deudas, en los casos siguientes:

1.º Cuando, junto al documento en que conste la deuda, se aporten documentos comerciales que acrediten una relación anterior duradera.

2.º Cuando la deuda se acredite mediante certificaciones de impago de cantidades debidas en concepto de gastos comunes de Comunidades de propietarios de inmuebles urbanos».

## VI.- CUANTÍA

La cuantía del presente procedimiento asciende a [CANTIDAD] €, de conformidad con lo establecido en el apdo. 1.º del art. 251 de la LEC.

## VII.- *IURA NOVIT CURIA*

En todo lo no invocado resulta de aplicación el principio *iura novit curia*, plasmado en el párrafo segundo del punto primero del artículo 218 de la Ley de Enjuiciamiento Civil, en virtud del cual serán aplicables las demás normas que sean de pertinente, especial o general aplicación, y que el juzgador podrá tener en cuenta de oficio sin necesidad de que hayan sido previamente alegadas o invocadas por alguna de las partes intervinientes.

## VII.- COSTAS

Deben ser impuestas a la parte demandada de conformidad con el artículo 394 de la Ley de Enjuiciamiento Civil. **(6)**

Por todo ello,

## SUPLICO AL JUZGADO/A LA SECCIÓN:

Que, tenga por presentado este escrito junto con sus documentos, los admita y tenga por interpuesta **PETICIÓN INICIAL DE PROCESO MONITORIO** contra don/doña [NOMBRE_PARTE_CONTRARIA] y, se proceda a requerir al demandado/a para que, en el plazo de veinte días, pague a la parte demandante, el importe adeudado, que asciende a [CANTIDAD] euros de principal, más [CANTIDAD] euros de intereses, para el caso de que en dicho plazo no atienda el requerimiento o no comparezca alegando las razones para negarse total o parcialmente al pago, se dé por terminado el proceso monitorio y se me dé traslado del mismo para que pueda instar el despacho de ejecución.

Por ser justicia que pido en [CIUDAD] a [DÍA] de [MES] de [AÑO].

|  |  |
|---|---|
| Don/Doña<br>[NOMBRE_ABOGADO/A] | Don/Doña<br>[NOMBRE_PROCURADOR/A] |
| [NÚMERO_COLEGIADO/A_<br>ABOGADO/A_CLIENTE] | [NÚMERO_COLEGIADO/A_<br>PROCURADOR/A_CLIENTE] |

**PRIMER OTROSÍ DIGO:** para el caso de oposición de la deudora, se proceda a la continuación por los trámites pertinentes derivados de la cuantía de la deuda reclamada, se solicite el embargo de los bienes del deudor y la condena al demandado al pago de la cantidad que se reclama, más intereses legales y costas del procedimiento.

**SUPLICO AL JUZGADO/A LA SECCIÓN:**

Que tenga por efectuada la anterior manifestación a los efectos oportunos.

Por ser justicia que pido en fecha y lugar *ut supra*.

Don/Doña [NOMBRE_ABOGADO/A] Don/Doña [NOMBRE_PROCURADOR/A]

[NÚMERO_COLEGIADO/A_ABOGADO/A_CLIENTE] [NÚMERO_COLEGIADO/A_
PROCURADOR/A_CLIENTE]

**SEGUNDO OTROSÍ DIGO:** Siendo intención de esta parte cumplir con todos los requisitos legales, a tenor de lo previsto en el artículo 231 de la Ley de Enjuiciamiento Civil, se solicita se le diere traslado de cualquier defecto que adoleciere la presente demanda, para la inmediata subsanación de la misma.

**SUPLICO AL JUZGADO/A LA SECCIÓN:**

Que tenga por efectuada la anterior manifestación a los efectos oportunos.

Por ser de justicia, fecha y lugar *ut supra*.

|  |  |
|---|---|
| Don/Doña<br>[NOMBRE_ABOGADO/A] | Don/Doña<br>[NOMBRE_PROCURADOR/A] |
| [NÚMERO_COLEGIADO/A_<br>ABOGADO/A_CLIENTE] | [NÚMERO_COLEGIADO/A_<br>PROCURADOR/A_CLIENTE] |

---

(1) Por la reforma realizada por la **LO 1/2025, de 2 de enero**, una vez implantados de forma efectiva los tribunales de instancia (**D.T.1.ª**), todas las referencias realizadas a los juzgados unipersonales se entenderán realizadas a las secciones del orden jurisdiccional correspondiente de los tribunales de instancia.

(2) Para acudir al procedimiento monitorio debe acreditarse la deuda por el acreedor, mediante:
- Documentos, cualquiera que sea su forma y clase o el soporte físico en que se encuentren, que aparezcan firmados por el deudor o con su sello, impronta o marca o con cualquier otra señal, física o electrónica.
- Facturas, albaranes de entrega, certificaciones, telegramas, telefax o cualesquiera otros documentos que, aun unilateralmente creados por el acreedor, sean de los que habitualmente documentan los créditos y deudas en relaciones de la clase que aparezca existente entre acreedor y deudor.

**(3)** A partir del 20 de marzo de 2024, fecha en la que entra en vigor la reforma operada por el Real Decreto-ley 6/2023, de 19 de diciembre, la petición inicial de procedimiento monitorio podrá extenderse en impreso o formulario obtenido a través de la sede electrónica.

**(4)** A pesar de que el artículo 814 de la LEC no hace referencia a ello, como consecuencia de la exigencia de MASC en el proceso monitorio, el CGPJ ha señalado la necesidad de acompañar a la petición inicial bien el documento que acredite haber intentado alguno de los MASC o bien la declaración responsable de imposibilidad de llevar a cabo la actividad negociadora. Esta última en el caso de que se desconozca el domicilio de la parte demandada o el medio por el que puede ser requerido.

**(5)** Documentos que acrediten haberse intentado la actividad negociadora previa a la vía judicial cuando la ley exija dicho intento como requisito de procedibilidad, o declaración responsable de la parte de la imposibilidad de llevar a cabo la actividad negociadora previa a la vía judicial por desconocer el domicilio de la parte demandada o el medio por el que puede ser requerido.

**(6)** El art. 394 de la LEC ha sido objeto de modificación por la **LO 1/2025, de 2 de enero**, en vigor a partir del 03/04/2025.

# Escrito de oposición al procedimiento monitorio

> **A TENER EN CUENTA.** Por la reforma realizada por la LO 1/2025, de 2 de enero, una vez implantados de forma efectiva los tribunales de instancia (D.T. 1.ª), todas las referencias realizadas a los juzgados unipersonales se entenderán realizadas a las secciones del orden jurisdiccional correspondiente de los tribunales de instancia.

**Procedimiento monitorio**

**Número:** [NÚMERO]/[AÑO]

## AL JUZGADO DE PRIMERA INSTANCIA N.º [NÚMERO] DE [LOCALIDAD]/A LA SECCIÓN CIVIL DEL TRIBUNAL DE INSTANCIA DE [LOCALIDAD] (1)

**Don/Doña** [NOMBRE_PROCURADOR_CLIENTE], procurador/a de los tribunales, obrando en nombre y representación de **don/doña** [NOMBRE_CLIENTE], con domicilio en esta ciudad [DOMICILIO_CLIENTE], y provisto de DNI número [NIF_CIF_DNI_CLIENTE], tal y como acreditaré mediante apoderamiento *apud acta* que se realizará en el momento procesal oportuno, y bajo la dirección letrada de don/doña [NOMBRE_ABOGADO_CLIENTE], con n.º de colegiado/a [NÚMERO_COLEGIADO_ABOGADO_CLIENTE], letrado/a del Ilustre Colegio de Abogados de [CIUDAD], ante el juzgado/la sección comparezco y como mejor proceda en derecho,

### DIGO

Por medio del presente escrito, tras requerirse a mi patrocinada mediante providencia de [DÍA] de [MES] de [AÑO], para que, en el plazo de veinte días, pague al peticionario, o comparezca ante el juzgado/la sección y alegue de forma fundada y motivada las razones por las que, a su entender, no debe, en todo o en parte, la cantidad reclamada, dentro del plazo conferido formulo **OPOSICIÓN A LA ACCIÓN MONITORIA (2)** interpuesta por **don/doña** [NOMBRE_PARTE_CONTRARIA], con base en los siguientes,

### HECHOS

**PREVIO.-** Se niegan los hechos expuestos de adverso salvo los que expresamente se reconozcan en la presente.

**PRIMERO.-** Incierta la relación contractual existente entre las partes mediante la que [DESCRIPCIÓN].

**SEGUNDO.-** Negamos la existencia de deuda alguna y ello en tanto en cuanto ni se había dispuesto [DESCRIPCIÓN] ni se realizó la supuesta obra concertada [DESCRIPCIÓN].

Por ello, esta parte no está conforme a la reclamación presentada por don/doña [NOMBRE_CONTRARIA].

A los anteriores hechos resultan de aplicación los siguientes,

## FUNDAMENTOS DE DERECHO

### I.- JURISDICCIÓN Y COMPETENCIA

De aplicación lo dispuesto en el **artículo 36** de la LEC y concordantes, en relación a lo dispuesto en la Ley Orgánica del Poder Judicial (LOPJ), concretamente en sus preceptos 21 y ss.

Es competente el juzgado de 1.ª Instancia al/la sección civil del tribunal de instancia a la que me dirijo en virtud de los **artículos 45 y 813** de la Ley de Enjuiciamiento Civil, por ser el del domicilio de la parte demandada.

### II.- LEGITIMACIÓN

Corresponde la legitimación activa a don/doña [NOMBRE] en su condición de presunto/a acreedor/a de la cantidad cuyo pago se reclama, reiterando la inexistencia de la deuda.

La legitimación pasiva la ostenta mi poderdante ante la situación de presunto/a deudor/a indicada en la demanda de petición inicial.

### III.- PROCEDIMIENTO

Es procedente la tramitación del procedimiento monitorio según lo establecido en los **artículos 812 a 818 (3)** de la LEC, indicando asimismo que, al no exceder la cuantía de la propia del juicio verbal, se seguirá la tramitación conforme a lo previsto para este tipo de juicio.

### IV.- POSTULACIÓN

Preceptiva la asistencia letrada, y la representación por medio de procurador/a, al exceder la cuantía reclamada de 2.000 € de conformidad con lo estipulado en el **párrafo segundo del apartado 1 del artículo 818 de la LEC**, así como en los arts. 23.2.1.º y 31.2.1.º del meritado texto legal **(4)**.

### V.- FONDO DEL ASUNTO

Resulta de aplicación lo dispuesto en el Código Civil. En este sentido, el artículo 1089 del CC, a sensu contrario, «Las obligaciones nacen de la ley, de los contratos y cuasi contratos, y de los actos y omisiones ilícitos o en que intervenga cualquier género de culpa o negligencia» y, en relación al artículo 1091 del CC, toda vez que ante la inexistencia de un contrato no puede existir obligación alguna, máxime cuando lo que se reclama en la demanda de petición inicial de procedimiento monitorio no ha sido ni siquiera probado. A tal respecto, con relación al **artículo 217 de la LEC**, la **sentencia de la Audiencia Provincial de Barcelona n.º 175/2016, de 25 de abril, ECLI:ES:APB:2016:5202:**

> «La presentación de un simple presupuesto, sin prueba alguna que lo complemente, no es suficiente para entender probado que se han ejecutado los trabajos que contempla, y mucho menos en estas circunstancias, en que contradiciendo totalmente lo establecido en el mismo, se emite una factura por la totalidad del importe, pasado un año, y sin que nunca antes del presente litigio conste que se hubiese reclamado al demandado.

Era a la actora, por mor de lo establecido en el art. 217 LEC, a quien incumbía probar que, efectivamente, había llevado a cabo los trabajos facturados, y explicar las razones por las cuales el pago no se reclamó del modo establecido en el presupuesto pues en las condiciones descritas no se puede entender probado el cumplimiento, y nada de ello ha efectuado. Ni siquiera compareció al juicio su representante legal por lo que no se pudo practicar la prueba de interrogatorio propuesta por el demandado, con las consecuencias que señala el art. 304 de la LEC, en cuanto a poder considerar reconocidos los hechos alegados por el demandado que le fueren perjudiciales».

## VI.- PRUEBA

Se impugna la totalidad de la prueba presentada por la adversa al no entender ni la formalización contractual ni la realización de obra alguna.

## VII.- *IURA NOVIT CURIA*

En todo lo no invocado resulta de aplicación el principio *iura novit curia*, plasmado en el párrafo segundo del punto primero del **artículo 218 de la Ley de Enjuiciamiento Civil**, en virtud del cual serán aplicables las demás normas que sean de pertinente, especial o general aplicación, y que el juzgador podrá tener en cuenta de oficio sin necesidad de que hayan sido previamente alegadas o invocadas por alguna de las partes intervinientes.

## VIII.- COSTAS

Deben ser impuestas a la parte demandante de conformidad con el **artículo 394 de la Ley de Enjuiciamiento Civil (5)**.

Por todo lo expuesto,

## SUPLICO AL JUZGADO/A LA SECCIÓN:

Que, teniendo por presentado este escrito, se sirva admitirlo y tenga por presentado escrito de **OPOSICIÓN A LA PETICIÓN INICIAL DE JUICIO MONITORIO** presentada por don/doña [NOMBRE] contra mi mandante y en su virtud y, tras los trámites oportunos, dicte sentencia en la que absuelva a esta parte, imponiendo las costas del presente procedimiento a la parte demandante.

Es justicia que pido en [LOCALIDAD] a [DÍA] de [MES] de [AÑO].

|  |  |
|---|---|
| Fdo.: Don/Doña | Fdo.: Don/Doña |
| [NOMBRE_ABOGADO_CLIENTE] | [NOMBRE_PROCURADOR_CLIENTE] |
| Col. n.º: | Col. n.º: |
| [NÚMERO_COLEGIADO_ ABOGADO_CLIENTE] | [NÚMERO_COLEGIADO_ PROCURADOR_CLIENTE] |

**OTROSÍ DIGO:** siendo intención de esta parte cumplir con todos los requisitos legales, a tenor de lo previsto en el **artículo 231 de la Ley de Enjuiciamiento Civil**, se solicita se le dé traslado de cualquier defecto que adoleciere el presente escrito, para la inmediata subsanación del mismo.

**SUPLICO AL JUZGADO/A LA SECCIÓN:**

Que tenga por efectuada la anterior manifestación a los efectos oportunos.

Por ser de justicia, fecha y lugar *ut supra*.

<table>
<tr><td>Fdo.: Don/Doña<br>[NOMBRE_ABOGADO_CLIENTE]</td><td>Fdo.: Don/Doña<br>[NOMBRE_PROCURADOR_CLIENTE]</td></tr>
<tr><td>Col. n.º:<br>[NÚMERO_COLEGIADO_<br>ABOGADO_CLIENTE]</td><td>Col. n.º:<br>[NÚMERO_COLEGIADO_<br>PROCURADOR_CLIENTE]</td></tr>
</table>

---

**(1)** Por la reforma realizada por la LO 1/2025, de 2 de enero, una vez implantados de forma efectiva los tribunales de instancia (D.T. 1.ª), todas las referencias realizadas a los juzgados unipersonales se entenderán realizadas a las secciones del orden jurisdiccional correspondiente de los tribunales de instancia.

**(2)** En el caso de no comparecer o no oponerse se podrá solicitar se despache ejecución, sin necesidad de esperar 20 días, diferenciándose así del resto de títulos judiciales que permiten un período de cumplimiento voluntario antes de que sea iniciada ejecución a instancia de parte.

**(3)** El apartado 2 del artículo 818 de la LEC respecto de la oposición al proceso monitorio cuya pretensión no exceda de la cuantía propia del juicio verbal, esto es no exceda de 15.000 euros, ha sido modificado por la LO 1/2025, de 2 de enero, en vigor a partir del 03/04/2025, y queda redactado en los términos siguientes: «Cuando la cuantía de la pretensión no excediera de la propia del juicio verbal, el letrado o la letrada de la Administración de Justicia dictará decreto dando por terminado el proceso monitorio y acordando seguir la tramitación conforme a lo previsto para este tipo de juicio, dando traslado de la oposición al actor, quien podrá impugnarla por escrito en el plazo de diez días. Presentado el escrito de impugnación o transcurrido el plazo sin haberse efectuado, se dictará diligencia de ordenación acordando conceder a ambas partes el plazo de cinco días a fin de que propongan la prueba que quieran practicar, debiendo, igualmente, indicar las personas que, por no poderlas presentar ellas mismas, han de ser citadas por el letrado o la letrada de la Administración de Justicia a la vista para que declaren en calidad de parte, testigos o peritos. A tal fin, facilitarán todos los datos y circunstancias precisos para llevar a cabo la citación y podrán pedir respuestas escritas a cargo de personas jurídicas o entidades públicas, por los trámites establecidos en el artículo 381, continuando el procedimiento por los trámites del artículo 438.9 y siguiente».

**(4)** Los artículos 23 y 31 de la LEC han sido modificados por la LO 1/2025, de 2 de enero, en vigor desde el 03/04/2025.

**(5)** El artículo 394 de la LEC ha sido modificado por la LO 1/2025, de 2 de enero, en vigor a partir del 03/04/2025.

# Formulario de impugnación a la oposición ante petición inicial de procedimiento monitorio

**A TENER EN CUENTA.** Por la reforma realizada por la **LO 1/2025, de 2 de enero**, una vez implantados de forma efectiva los tribunales de instancia (**D.T. 1.ª**), todas las referencias realizadas a los juzgados unipersonales se entenderán realizadas a las secciones del orden jurisdiccional correspondiente de los tribunales de instancia.

**Procedimiento n.º** [NÚMERO]

**AL JUZGADO DE PRIMERA INSTANCIA N.º** [NÚMERO] **DE** [LOCALIDAD]**/A LA SECCIÓN CIVIL DEL TRIBUNAL DE INSTANCIA DE** [LOCALIDAD] **(1)**

**Don/Doña** [NOMBRE], procurador/a de los tribunales, en nombre y representación de **don/doña** [NOMBRE] tal y como está acreditado en los autos de referencia, y bajo la dirección letrada de don/doña [NOMBRE], colegiado/a número [NÚMERO] ICA [LOCALIDAD], ante este/a juzgado/sección comparezco y, como mejor proceda en derecho,

## DIGO

Siguiendo instrucciones de mi mandante, por medio del presente escrito vengo a formular **IMPUGNACIÓN A LA OPOSICIÓN** efectuada por el demandado en procedimiento monitorio, **don/doña** [NOMBRE], y todo ello con base en los siguientes:

## HECHOS

**PREVIO.-** Se niegan la totalidad de los postulados de adverso salvo que expresamente se acepten en la presente, impugnando expresamente la totalidad de la documental adjuntada de adverso por no tener relación con el caso planteado [DESCRIPCIÓN].

**PRIMERO.-** Conformes/Disconformes con lo dispuesto por el ejecutado de contrario, toda vez que la oposición alega el hecho de que [DESCRIPCIÓN], sin embargo esto carece de veracidad puesto que lo sucedido [DESCRIPCIÓN].

**SEGUNDO.-** De conformidad con lo dispuesto de contrario.

**TERCERO.-** Disconformes con lo aseverado por la adversa en tanto en cuanto [DESCRIPCIÓN].

**CUARTO.-** Disconforme con el correlativo de la contraparte, al indicar que los documentos adjuntados a la petición inicial no sirven de base suficiente para sostener la misma, ni para ser admitida la demanda.

Sin embargo, hemos adjuntado en la petición inicial los albaranes justificativos de las entregas, firmados por la persona receptora, trabajadora de la mercantil adversa.

**QUINTO.-** Con respecto a la necesidad de celebración de vista, entiende esta parte no necesaria la misma, salvo que por la adversa se ponga en duda la veracidad de los albaranes, la firma de los mismos, la relación laboral de la persona receptora u otro aspecto que intente desvirtuar la realidad y veracidad de los mismos o de la entrega que verifican, ante lo que indicamos la necesidad de vista para la realización de la prueba testifical de la persona [NOMBRE].

A los anteriores hechos resultan de aplicación los siguientes:

## FUNDAMENTOS DE DERECHO

**I.-** No procede la estimación de la oposición presentada, impugnando la misma tanto en los relatos fácticos como jurídicos, a excepción de los que expresamente resulten confirmados mediante la presente.

Con respecto a la petición inicial y a la documentación presentada, ya la **sentencia de la Audiencia Provincial de Ourense, n.º 25/2012, de 24 de enero, ECLI:ES:APOU:2012:49**, indica que:

> «La factura es un documento de confección unilateral que, de ordinario, documenta una relación contractual pero que por sí misma nada acredita más allá de la declaración de la entidad o persona emisora. No es, por consiguiente, documento suficiente para acreditar el contenido de la relación jurídica cuyas consecuencias conforman el objeto de este litigio. Como bien señala la sentencia apelada, no muestra la realidad del contrato de compraventa ni la entrega de la mercancía».

A mayor abundamiento, como ya indicamos en los relatos fácticos, se han presentado albaranes, los cuales, y estando en este caso perfectamente delimitada la persona signataria, entiende la jurisprudencia como prueba suficiente teniendo en consideración la relación comercial que se venía realizando con anterioridad (como es el caso de la presente controversia).

A este respecto, la **sentencia de la Audiencia Provincial de Madrid n.º 145/2017, de 25 de mayo, ECLI:ES:APM:2017:7806**, mentando jurisprudencia «menor» de otras audiencias provinciales, indica:

> «Como dice la sentencia de la **SAP Teruel, sec. 1ª, S 22-1-2014, nº 7/2014, rec. 142/2013**:
>
> No puede desconocerse que las especiales características del tráfico mercantil, rapidez y masificación, conllevan que en la contratación deban prevalecer el antiformalismo y la buena fe en su génesis, cumplimiento y ejecución (artículos 51 y 57 del Código de Comercio). Entre comerciantes es muy relevante tener en cuenta el sistema de contratación que han llevado a cabo las partes, pues cuando han aceptado un determinado sistema en el cual se pide la mercancía y se omite la firma en los albaranes o se estampa una firma ilegible, sin haberse acreditado que durante el tiempo que ha funcionado el sistema se haya producido defecto alguno en su funcionamiento mínimamente relevante, no puede luego desconocerse y exigirse que se prueben los suministros por medios (albaranes con firmas legibles) que voluntariamente se excluyeron, pues ello va contra la buena fe.
>
> Y la **sentencia de AP Madrid, sec. 11ª, S 1-10-2010, nº 692/2010, rec. 575/2009** señala que:

Así las cosas, es cierto que no bastan sólo unos albaranes no firmados para acreditar ciertos suministros, pero no es menos cierto que junto a ello, y el propio demandado reconoce su firma en los dos primeros albaranes, ha de tenerse en cuenta que la relación comercial es indiscutida, como lo es el hecho de que pese a rechazarse la recepción de todas las demás mercancías de los otros albaranes el demandado siguió con su labor durante ese tiempo como demuestran las facturas asimismo acompañadas a la demanda, de manera que la falta de aceptación de los albaranes no es sino un genérico rechazo a todo documento no firmado por la parte.

Y la **AP Madrid, sec. 13ª, S 18-6-2014, nº 223/2014, rec. 500/2013** establece que:

En total, se trata de 97 instrumentos con buena apariencia de conformar documentación efectiva de operaciones entre las empresas que en los mismos figuran, instrumentos, por lo demás, que presentan variedad y dispersión de peculiaridades de cumplimentación e incluso carencias (así, firmas ilegibles sin identificación de su autor ausencia de firmas) que no hacen desmerecer el valor de los documentos, sino que les dotan de autenticidad, porque esa falta de uniformidad e, incluso, defectos, son expresivos de las prisas del tráfico, de la distinta forma de actuación de unos y otros agentes y de la simplificación de formalismos en el marco de la confianza propia de una buena relación mercantil, a los efectos de valorar los documentos positivamente».

Esto es, que resulta más que suficiente la prueba presentada por esta parte a los efectos de acreditar, no solo la relación mercantil, sino también la existencia del impago y, por tanto, de la deuda reclamada.

II.- En virtud de lo expuesto en el apartado segundo del artículo 818 de la LEC **(2)**, la presente impugnación a la oposición formulada se efectúa dentro del plazo de los 10 días siguientes a la notificación de aquella.

Por lo expuesto,

**SUPLICO AL JUZGADO/A LA SECCIÓN:**

Que tenga por presentado este escrito, con sus copias y documentos que lo acompañan, se sirva admitirlos, les dé la tramitación legal oportuna, y previo los trámites de rigor, incluida la celebración de vista si por parte del juzgador lo estima pertinente, dicte sentencia por la que, estimando la presente impugnación, así como la demanda inicial presentada por esta representación procesal, **CONDENE** a la demandada al pago de [DESCRIPCIÓN].

Todo ello con los intereses legales y procesales pertinentes, así como la condena en costas a la adversa.

En [CIUDAD] a [DÍA] de [MES] de [AÑO].

Don/Doña [NOMBRE_ABOGADO/A]  Don/Doña [NOMBRE_PROCURADOR/A]

**OTROSI DIGO:** siendo intención de esta parte cumplir con todos los requisitos legales, a tenor de lo previsto en el artículo 231 de la Ley de Enjuiciamiento Civil, se solicita se le diere traslado de cualquier defecto que adoleciere la presente demanda, para la inmediata subsanación de la misma.

**SUPLICO AL JUZGADO/A LA SECCIÓN:**

Que tenga por efectuada la anterior manifestación a los efectos oportunos.

En fecha y lugar *ut supra.*

Don/Doña
[NOMBRE_ABOGADO/A]

Don/Doña
[NOMBRE_PROCURADOR/A]

---

**(1)** Por la reforma realizada por la **LO 1/2025, de 2 de enero**, una vez implantados de forma efectiva los tribunales de instancia (**D.T.1.ª**), todas las referencias realizadas a los juzgados unipersonales se entenderán realizadas a las secciones del orden jurisdiccional correspondiente de los tribunales de instancia.

**(2)** El apdo. 2 del art. 818 de la LEC ha sido objeto de modificación por la **LO 1/2025, de 2 de enero,** en vigor a partir del 03/04/2025.

# Formulario de oposición a ejecución en procedimiento monitorio

> **A TENER EN CUENTA.** Por la reforma realizada por la LO 1/2025, de 2 de enero, una vez implantados de forma efectiva los tribunales de instancia (D.T. 1.ª), todas las referencias realizadas a los juzgados unipersonales se entenderán realizadas a las secciones del orden jurisdiccional correspondiente de los tribunales de instancia.

Procedimiento: Ejecución número [NÚMERO]

## AL JUZGADO DE PRIMERA INSTANCIA N.º [NÚMERO] DE [LUGAR]/A LA SECCIÓN CIVIL DEL TRIBUNAL DE INSTANCIA DE [LOCALIDAD] (1)

**Don/Doña** [NOMBRE_PROCURADOR_CLIENTE], procurador/a de los tribunales, en nombre y representación de **don/doña** [NOMBRE_CLIENTE], según acredito mediante copia de escritura debidamente bastanteada que solicito que, una vez testimoniada en autos, me sea devuelta por precisarla para otros usos, comparezco ante el juzgado/la sección y como mejor proceda en derecho, bajo la dirección técnica de **don/doña** [NOMBRE_ABOGADO_CLIENTE], abogado/a del Iltre. Colegio de [LUGAR], con despacho profesional en [LUGAR], y,

### DIGO

Por la presente, y siguiendo las expresas instrucciones de mi representado/a, y evacuando el traslado conferido, formulo **OPOSICIÓN A LA EJECUCION DESPACHADA** seguida a instancia de don/doña [NOMBRE_PARTE_CONTRARIA] según los siguientes:

### HECHOS

**PRIMERO.-** En fecha [FECHA] se dictó decreto [NÚMERO] por el/la letrado/a de la Administración de Justicia en el procedimiento monitorio n.º [NÚMERO] dando por terminado el proceso monitorio y dando traslado a la parte don/doña [NOMBRE] a los efectos de que instare despacho de ejecución.

**SEGUNDO.-** En fecha [FECHA] se procedió a instar despacho de ejecución por la representación procesal de don/doña [NOMBRE], en cuantía de [CUANTÍA] euros.

**TERCERO.-** Si bien consta que la presente ejecución se instó en fecha [FECHA], con posterioridad a la misma y previa a la recepción por mi mandante del despacho de aquella, se procedió a realizar la consignación/pago de [CUANTÍA] €, por lo que no es correcta la ejecución instada en relación a la cuantía solicitada, por instarse sobre una cuantía superior a la adeudada.

Se adjunta como **documento n.º** [NÚMERO], copia de la consignación/pago realizada/o.

A los anteriores hechos le son de aplicación los siguientes,

## FUNDAMENTOS DE DERECHO

### I.- JURISDICCIÓN Y COMPETENCIA

Conforme con el correlativo de la adversa, de aplicación los art. 36 y concordantes de la LEC, siendo competente este tribunal de conformidad con lo establecido en el apartado 1 del art. 545 de la Ley Enjuiciamiento Civil, ello de conformidad con lo que dispone el apartado 2 del artículo 816 de la LEC.

### II.- CAPACIDAD Y LEGITIMACIÓN

Mi representado/a ostenta la capacidad procesal necesaria conforme a lo establecido en los artículos 6 y siguientes de la Ley de Enjuiciamiento Civil.

Está asimismo legitimado/a, en virtud de lo expuesto en el art. 538 de la LEC y siguientes al ser la persona frente a la que se despacha ejecución.

La parte ejecutante posee la legitimación activa de conformidad con lo preceptuado.

### III.- REPRESENTACIÓN

Está representada la parte demandada por el/la procurador/a que suscribe, habilitado/a para ejercer en el territorio del tribunal al que nos dirigimos, y asimismo asistido/a del letrado/a del Ilustre Colegio de Abogados de [LOCALIDAD], toda vez que la ejecución que se insta hace preceptiva la intervención de los mismos al superar los 2.000 €.

### IV.- MOTIVOS DE OPOSICIÓN

Esta representación procesal se opone a la ejecución despachada, de conformidad con lo establecido en el art. 556 de la LEC, toda vez que la cuantía cuya ejecución se insta, ha sido abonada antes del despacho de la presente.

Se adjunta como **documento n.º** [NÚMERO] copia de la transferencia efectuada en la cuenta bancaria de la ejecutante.

Aportación efectuada en esta oposición mediante la documentación adjunta.

En virtud de todo lo expuesto,

### SUPLICO AL JUZGADO/A LA SECCIÓN:

Que teniendo por presentado este escrito y justificantes de traslado al/a la procurador/a de la parte contraria, se sirva admitirlo, teniéndome por comparecido/a y parte en el presente procedimiento de ejecución y en la representación que ostento, por formulada en tiempo y forma **OPOSICIÓN A LA EJECUCIÓN DESPACHADA**, y previo traslado de la presente oposición a la ejecutante, se dicte resolución en el que estimando la oposición se deje sin efecto la ejecución, mandando se alcen cuantas medidas y embargos se hubieren adoptado en relación con los bienes de mi principal, reintegrándole a la situación anterior al despacho de la ejecución conforme a lo dispuesto en los artículos 533 y 534 de la Ley de Enjuiciamiento Civil.

Todo ello con expresa imposición en costas a la parte ejecutante.

Es justicia que se pide en [LOCALIDAD] a [DÍA] de [MES] de [AÑO].

Ltdo.                                   Proc.
[NOMBRE]                              [NOMBRE]

[NUMEROCOLEGIADO_                    [NUMEROCOLEGIADO_
ABOGADO_CLIENTE]                     PROCURADOR_CLIENTE]

**SEGUNDO OTROSÍ DIGO:** siendo intención de esta parte cumplir con todos los requisitos legales, a tenor de lo previsto en el artículo 231 de la Ley de Enjuiciamiento Civil, se solicita se le diere traslado de cualquier defecto que adoleciere la presente demanda, para la inmediata subsanación de la misma.

**SUPLICO AL JUZGADO/A LA SECCIÓN:**

Que tenga por efectuada la anterior manifestación a los efectos oportunos.

Por ser de justicia, fecha y lugar *ut supra*.

Ltdo.                                   Proc.
[NOMBRE]                              [NOMBRE]

[NUMEROCOLEGIADO_                    [NUMEROCOLEGIADO_
ABOGADO_CLIENTE]                     PROCURADOR_CLIENTE]

---

**(1)** Por la reforma realizada por la LO 1/2025, de 2 de enero, una vez implantados de forma efectiva los tribunales de instancia (D.T. 1.ª), todas las referencias realizadas a los juzgados unipersonales se entenderán realizadas a las secciones del orden jurisdiccional correspondiente de los tribunales de instancia.

# Formulario de petición inicial del proceso monitorio. Gastos comunidad. Con procurador

> **A TENER EN CUENTA.** Por la reforma realizada por la **LO 1/2025, de 2 de enero**, una vez implantados de forma efectiva los tribunales de instancia (**D.T. 1.ª**), todas las referencias realizadas a los juzgados unipersonales se entenderán realizadas a las secciones del orden jurisdiccional correspondiente de los tribunales de instancia.

## AL JUZGADO DE PRIMERA INSTANCIA DE [LUGAR]/ A LA SECCIÓN CIVIL DEL TRIBUNAL DE INSTANCIA DE [LOCALIDAD] (1)

**Don/Doña** [NOMBRE PROCURADOR CLIENTE], procurador/a de los tribunales, interviniendo en nombre de la **comunidad de propietarios de** [CONCEPTO], provista de CIF [NÚMERO], que actúa a través de su presidente y representante legal **don/doña** [NOMBRE CLIENTE], representación que acredito mediante poder (notarial/*apud acta*) copia del cual acompaño como **documento n.º** [NÚMERO], ante el juzgado/la sección de primera instancia comparezco, y como mejor proceda en derecho,

## DIGO

Mediante el presente escrito según permite el artículo 812.2 de la LEC formulo **PETICIÓN INICIAL** mediante la que insto **PROCESO MONITORIO** contra:

- **Don/Doña** [NOMBRE_PARTE_CONTRARIA], provisto de DNI n.º [NÚMERO], y domiciliado/a en [DOMICILIO_PARTE_CONTRARIA]

Y ello con relación a los siguientes

## HECHOS

**PRIMERO.-** Con fecha de [FECHA] la comunidad de propietarios [NOMBRE], en virtud de acuerdo adoptado por la junta, autorizó la formulación de esta reclamación, tal y como se desprende de la copia del acta que acompaño reseñada como **documento n.º** [NÚMERO].

**SEGUNDO.-** La persona contra la que se dirige esta petición inicial es propietaria de la vivienda sita en el piso [NÚMERO] letra [CONCEPTO] del inmueble que forma parte de la comunidad actora, y dicho propietario ha dejado de atender las cuotas de los meses de [MES] a [MES] del año [AÑO], establecidas y aprobadas como cuotas de participación en los gastos comunes de la comunidad.

Como **documento n.º** [NÚMERO] acompaño nota simple informativa del Registro de la Propiedad n.º [NÚMERO] de esta ciudad en la que consta la inscripción registral de la finca a nombre de don/doña [NOMBRE].

**TERCERO.-** La junta de propietarios de la comunidad [NOMBRE] aprobó, en junta celebrada el día [FECHA], la liquidación de la deuda pendiente de pago por parte de don/doña [NOMBRE PARTE CONTRARIA].

Como **documento n.º** [NÚMERO] acompaño certificación del acuerdo aprobando la liquidación de deuda pendiente de pago por parte de don/doña [NOMBRE PARTE CONTRARIA] ante la comunidad a la fecha del acuerdo, expedida por el secretario de la comunidad con el visto bueno de su presidente.

**CUARTO.-** Se notificó a don/doña [NOMBRE PARTE CONTRARIA] el importe de la deuda pendiente en su propio domicilio.

Acredito este extremo con copia de burofax con certificación de texto y acuse de recibo que acompaño reseñada como **documento n.º** [NÚMERO].

**QUINTO.-** Los gastos generados por el requerimiento de pago han ascendido a [CANTIDAD] euros, conforme acredito con el justificante que acompaño reseñado como **documento n.º** [NÚMERO].

**SEXTO.-** Las cuotas ordinarias de comunidad reclamadas y los gastos del requerimiento de pago desatendido importan en conjunto, y en consecuencia adeuda don/doña [NOMBRE PARTE CONTRARIA] a la comunidad de propietarios [NOMBRE], la cantidad de [CANTIDAD] euros.

**SÉPTIMO.-** De conformidad con lo estipulado en el artículo 21.5 de la LPH, el deudor deberá abonar los honorarios y derechos devengados por la intervención del letrado y procurador.

A los anteriores hechos les son de aplicación los siguientes

## FUNDAMENTOS DE DERECHO

### I.- JURISDICCIÓN Y COMPETENCIA

De aplicación lo dispuesto en la Ley Orgánica del Poder Judicial (LOPJ), concretamente en sus preceptos 9, 21 y concordantes.

Es competente el Juzgado de 1ª Instancia/a la Sección de lo Civil del Tribunal de Instancia al/a la que me dirijo en virtud de los artículos 45 y 813 de la Ley de Enjuiciamiento Civil, por ser el del domicilio del demandado. **(1)**

### II.- CAPACIDAD Y LEGITIMACIÓN

Ambas partes poseen capacidad y legitimación suficiente, de conformidad con lo dispuesto en la Ley de enjuiciamiento civil (LEC) en sus arts. 6, 10 y concordantes.

A este respecto, está legitimado como parte activa, el/la demandante por ser el/la presidente/a de la comunidad de propietarios, conforme establece el art. 13 de la LPH, así como la legitimación pasiva corresponde al deudor según se previene en el art. 21 de la LPH.

### III.- PROCEDIMIENTO

Es de aplicación el procedimiento monitorio de conformidad con los artículos 812 y siguientes de la Ley de Enjuiciamiento Civil.

### IV.- POSTULACIÓN Y DEFENSA

Tal y como expone la Ley de Enjuiciamiento Civil (LEC) en sus **artículos 814, en relación al 23 de la LEC y 31 de la LEC (2)**, en la petición inicial de los procedimientos monitorios no es preceptiva la intervención de abogado ni procurador, si bien esta parte hace constar la representación mediante procurador a efectos de que sea con el mismo con el que se realicen la totalidad de las notificaciones judiciales y todo lo demás que sea procedente en derecho.

## V.- CUANTÍA

Se establece la cuantía de la reclamación presentada en [CANTIDAD EN LETRA] euros ([CANTIDAD EN NÚMERO] €).

## VI.- MEDIOS ADECUADOS DE SOLUCIÓN DE CONTROVERSIAS «MASC»

Según lo establecido en el **art. 5 de la LO 1/2025, de 2 de enero**, las partes han acudido a [DESCRIPCIÓN PROCESO MASC] en los términos siguientes [ESPECIFICAR] **(3)**.

A estos efectos adjuntamos los siguientes documentos **(4)**:

- **Documento n.º** [NÚMERO].
- **Documento n.º** [NÚMERO].

## VII.- FONDO DEL ASUNTO

El propietario está obligado a satisfacer los gastos generales de la comunidad, conforme preceptúa el artículo 9 de la LPH y el deudor deberá responder conforme dispone dicha ley, la LEC y el Código Civil, entre otras.

### Artículo 812 de la LEC

«1. Podrá acudir al proceso monitorio quien pretenda de otro el pago de deuda dineraria de cualquier importe, líquida, determinada, vencida y exigible, cuando la deuda se acredite de alguna de las formas siguientes:

1.ª Mediante documentos, cualquiera que sea su forma y clase o el soporte físico en que se encuentren, que aparezcan firmados por el deudor o con su sello, impronta o marca o con cualquier otra señal, física o electrónica.

2.ª Mediante facturas, albaranes de entrega, certificaciones, telegramas, telefax o cualesquiera otros documentos que, aun unilateralmente creados por el acreedor, sean de los que habitualmente documentan los créditos y deudas en relaciones de la clase que aparezca existente entre acreedor y deudor.

2. Sin perjuicio de lo dispuesto en el apartado anterior y cuando se trate de deudas que reúnan los requisitos establecidos en dicho apartado, podrá también acudirse al proceso monitorio, para el pago de tales deudas, en los casos siguientes:

1.º Cuando, junto al documento en que conste la deuda, se aporten documentos comerciales que acrediten una relación anterior duradera.

2.º Cuando la deuda se acredite mediante certificaciones de impago de cantidades debidas en concepto de gastos comunes de Comunidades de propietarios de inmuebles urbanos».

**En el caso que nos ocupa** [DESCRIPCIÓN]

### Artículo 21.5 de la LPH

«5. Cuando en la solicitud inicial del proceso monitorio se utilizaren los servicios profesionales de abogado y/o procurador para reclamar las cantidades debidas a la Comunidad, el deudor deberá pagar, con sujeción en todo caso a los límites establecidos en el apartado tercero del artículo 394 de la Ley de

Enjuiciamiento Civil, los honorarios y derechos que devenguen ambos por su intervención, tanto si aquél atendiere el requerimiento de pago como si no compareciere ante el tribunal, incluidos los de ejecución, en su caso. En los casos en que exista oposición, se seguirán las reglas generales en materia de costas, aunque si la comunidad obtuviere una sentencia totalmente favorable a su pretensión se deberán incluir en ellas los honorarios del abogado y los derechos del procurador derivados de su intervención, aunque no hubiera sido preceptiva».

Con respecto a la notificación del deudor, se ha procedido conforme lo establecido doctrinalmente, a tal efecto, la **sentencia del Tribunal Supremo n.º 108/2016, de 1 de marzo, ECLI:ES:TS:2016:795**:

«"Como consecuencia de ello se ha entendido que no cabe prescindir de la llamada a juicio en forma personal cuando existe una posibilidad directa o indirecta de localizar al interesado y hacerle llegar el contenido del acto de comunicación (STS 19 de febrero de 1998). **En consecuencia, el actor tiene la carga procesal de que se intente dicho acto en cuantos lugares existe base racional suficiente para estimar que pueda hallarse la persona contra la que se dirige la demanda** y debe desplegar la diligencia adecuada en orden a adquirir el conocimiento correspondiente, aunque no cabe exigirle una diligencia extraordinaria (STS 3 de marzo de 2009).
»De no hacerlo así se entiende que el demandante ha incurrido en ocultación maliciosa constitutiva de la maquinación fraudulenta que puede dar lugar a la revisión de la sentencia (STS 16 de noviembre de 2000). En suma, la maquinación fraudulenta consistente en la ocultación maliciosa del domicilio del demandado concurre objetivamente no solo cuando se acredita una intención torticera en quien lo ocultó, sino también cuando consta que tal ocultación, y la consiguiente indefensión del demandado, se produjo por causa imputable al demandante y no a aquel (SSTS 9 de mayo de 1989; 10 de mayo de 2006, 14 de junio 2006, 15 de marzo de 2007)» (STS n.º 297/2011, de 14 de abril . REV n.º 58/2009)."»

Asimismo, para el caso de oposición, la **sentencia de la Audiencia Provincial de A Coruña, n.º 120/2017, de 29 de junio, ECLI:ES:APC:2017:1388**, señala:

«La nueva regulación, que rige el presente procedimiento, exige que el deudor alegue de forma fundada y motivada, en el escrito de oposición, las razones por las que, a su entender, no debe, en todo o en parte, la cantidad reclamada. Y cambia la estructura del procedimiento cuando la cuantía de la pretensión no exceda de la propia del juicio verbal para que, de modo similar al juicio cambiario, sea el solicitante del monitorio quien pase a impugnar la oposición formulada de forma fundada y motivada por el deudor.
De éste modo, cuando menos si el monitorio desemboca en juicio verbal, el objeto del proceso queda delimitado con la petición, la oposición y la impugnación de la oposición, sin que sea posible en el acto de la vista que el deudor invoque motivos de oposición distintos de los inicialmente alegados, que lo vinculan definitivamente».

## VIII.- *IURA NOVIT CURIA*

En todo lo no invocado resulta de aplicación el principio *iura novit curia*, plasmado en el párrafo segundo del punto primero del artículo 218 de la Ley de Enjuiciamiento Civil, en virtud del cual serán aplicables las demás normas que sean de pertinente, especial o general aplicación, y que el juzgador podrá tener en cuenta de oficio sin necesidad de que hayan sido previamente alegadas o invocadas por alguna de las partes intervinientes.

## IX.- COSTAS

Deben ser impuestas a la parte demandada de conformidad con el artículo 394 de la Ley de Enjuiciamiento Civil. **(5)**

Por todo lo expuesto,

## SUPLICO AL JUZGADO/A LA SECCIÓN:

Que tenga por presentado este escrito, con sus documentos adjuntos y copias, los admita, les dé la tramitación oportuna, y tenga por formulada **PETICIÓN INICIAL de PROCESO MONITORIO** contra don/doña [NOMBRE PARTE CONTRARIA] y en su virtud requiera el letrado de la Administración de Justicia a dicho deudor para que en el plazo de veinte días pague a la Comunidad de Propietarios [NOMBRE] el importe de la deuda pendiente por la suma de [CANTIDAD] euros bajo apercibimiento de que de no hacerlo se despachará ejecución por la cantidad adeudada más los intereses de mora procesal pertinentes y costas de la ejecución, acordando además lo siguiente:

1.º Para el supuesto de que el deudor no compareciere ante el tribunal dicte decreto el letrado de la Administración de Justicia dando por terminado el proceso monitorio y dándonos traslado para formular despacho.

2.º **(6)**.

3.º Condenar a don/doña [NOMBRE PARTE CONTRARIA] al pago de las costas procesales, que deben incluir derechos y honorarios de procurador y abogado, tanto si don/doña [NOMBRE PARTE CONTRARIA] atiende el requerimiento de pago como si aquel no paga ni formula oposición.

Por ser de justicia que se pide en [LOCALIDAD] a [FECHA].

Don/Doña [NOMBRE_ABOGADO/A]  Don/Doña [NOMBRE_PROCURADOR/A]

**PRIMER OTROSÍ DIGO:** para el caso de oposición de la deudora, se proceda la continuación por los trámites pertinentes derivados de la cuantía de la deuda reclamada, se solicite el embargo de los bienes del deudor, sin necesidad de prestar caución, dejando designados como bien susceptible de embargo la vivienda de la que es titular el demandado, así como la condena al demandado al pago de la cantidad que se reclama, más intereses legales y costas del procedimiento.

## SUPLICO AL JUZGADO/A LA SECCIÓN:

Que tenga por efectuada la anterior manifestación a los efectos oportunos.

Por ser de justicia, fecha y lugar *ut supra*.

Don/Doña [NOMBRE_ABOGADO/A]  Don/Doña [NOMBRE_PROCURADOR/A]

**SEGUNDO OTROSÍ DIGO:** siendo intención de esta parte cumplir con todos los requisitos legales, a tenor de lo previsto en el artículo 231 de la Ley de Enjuiciamiento Civil, se solicita se le diere traslado de cualquier defecto que adoleciere la presente demanda, para la inmediata subsanación de la misma.

## SUPLICO AL JUZGADO/A LA SECCIÓN:

Que tenga por efectuada la anterior manifestación a los efectos oportunos.

Por ser de justicia, fecha y lugar *ut supra*.

Don/Doña
[NOMBRE_ABOGADO/A]

Don/Doña
[NOMBRE_PROCURADOR/A]

---

**(1)** Por la reforma realizada por la **LO 1/2025, de 2 de enero**, una vez implantados de forma efectiva los tribunales de instancia (**D.T.1.ª**), todas las referencias realizadas a los juzgados unipersonales se entenderán realizadas a las secciones del orden jurisdiccional correspondiente de los tribunales de instancia.

**(2)** El art. 23 de la LEC y el art. 31 de la LEC han sido objeto de modificación por la **LO 1/2025, de 2 de enero**, en vigor a partir de 03/04/2025.

**(3)** En el caso específico del proceso monitorio en materia de comunidad de propietarios surgía la duda de si el requerimiento previo al deudor contemplado en el art. 21 de la LPH sería suficiente para dar por cumplido el requisito de procedibilidad del **art. 5 de la LO 1/2025, de 2 de enero**. Al respecto, se ha pronunciado la Audiencia Provincial de Málaga a través de su **auto n.º 260/2025, de 6 de junio, ECLI:ES:APMA:2025:535A** donde pone de relieve la obligatoriedad del MASC respecto de los procesos declarativos del libro II y de los especiales del libro IV de la LEC, así como las excepciones al mismo que el propio **art. 5 de la LO 1/2025, de 2 de enero**, contempla y entre las que no se encuentra el proceso monitorio en el ámbito de la propiedad horizontal.

**(4)** Documentos que acrediten haberse intentado la actividad negociadora previa a la vía judicial cuando la ley exija dicho intento como requisito de procedibilidad, o declaración responsable de la parte de la imposibilidad de llevar a cabo la actividad negociadora previa a la vía judicial por desconocer el domicilio de la parte demandada o el medio por el que puede ser requerido.

**(5)** El art. 394 de la LEC ha sido objeto de modificación por la **LO 1/2025, de 2 de enero**, en vigor a partir del 03/04/2025.

**(6)** Opciones:

a) En asuntos cuya cuantía no supere 15.000 euros, artículo 818.2.1º de la LEC (modificado por la LO 1/2025, de 2 de enero, en vigor desde el 03/04/2025): *«Cuando la cuantía de la pretensión no excediera de la propia del juicio verbal, el letrado o la letrada de la Administración de Justicia dictará decreto dando por terminado el proceso monitorio y acordando seguir la tramitación conforme a lo previsto para este tipo de juicio, dando traslado de la oposición al actor, quien podrá impugnarla por escrito en el plazo de diez días. Presentado el escrito de impugnación o transcurrido el plazo sin haberse efectuado, se dictará diligencia de ordenación acordando conceder a ambas partes el plazo de cinco días a fin de que propongan la prueba que quieran practicar, debiendo, igualmente, indicar las personas que, por no poderlas presentar ellas mismas, han de ser citadas por el letrado o la letrada de la Administración de Justicia a la vista para que declaren en calidad de parte, testigos o peritos. A tal fin, facilitarán todos los datos y circunstancias precisos para llevar a cabo la citación y podrán pedir respuestas escritas a cargo de personas jurídicas o entidades públicas, por los trámites establecidos en el artículo 381, continuando el procedimiento por los trámites del artículo 438.9 y siguiente».*

b) En asuntos cuya cuantía supere 15.000 euros, artículo 818.2.2º de la LEC: *«Cuando el importe de la reclamación exceda de dicha cantidad, si el peticionario no interpusiera la demanda correspondiente dentro del plazo de un mes desde el traslado del escrito de oposición, el letrado o la letrada de la Administración de Justicia dictará decreto sobreseyendo las actuaciones y condenando en costas al acreedor. Si presentare la demanda, en el decreto poniendo fin al proceso monitorio acordará dar traslado de ella al demandado conforme a lo previsto en los artículos 404 y siguientes, salvo que no proceda su admisión, en cuyo caso acordará dar cuenta al juez o jueza para que resuelva lo que corresponda».*

# Formulario de contestación a la demanda proveniente de monitorio

> **A TENER EN CUENTA.** Por la reforma realizada por la LO 1/2025, de 2 de enero, una vez implantados de forma efectiva los tribunales de instancia (D.T. 1.ª), todas las referencias realizadas a los juzgados unipersonales se entenderán realizadas a las secciones del orden jurisdiccional correspondiente de los tribunales de instancia.

**Procedimiento: Ordinario**

**Número** [NÚMERO]/[AÑO]

## AL JUZGADO DE PRIMERA INSTANCIA N.º [NÚMERO] DE [LOCALIDAD]/A LA SECCIÓN CIVIL DEL TRIBUNAL DE INSTANCIA DE [LOCALIDAD] (1)

**Don/Doña** [NOMBRE_PROCURADOR/A], procurador/a de los tribunales, colegiado/a n.º [NUMEROCOLEGIADO_PROCURADOR_CLIENTE] en nombre y representación de **don/doña** [NOMBRE], mayor de edad, con DNI/NIE/NIF n.º [NÚMERO] y domicilio en C/[CALLE], n.º [NÚMERO], CP [CODIGO_POSTAL], [LOCALIDAD], [PROVINCIA] según acredito por medio de [escritura de poder que se acompaña como documento n.º [NÚMERO] [poder APUD ACTA], bajo la dirección letrada de don/doña [NOMBRE], colegiado/a número [NÚMERO] ICA [LOCALIDAD], ante el juzgado/la sección comparezco y, como mejor proceda en derecho,

### DIGO

En la representación que ostento, en virtud de lo establecido en los art. 404 y concordantes de la Ley de Enjuiciamiento Civil, procedo a interponer **CONTESTACIÓN A LA DEMANDA** interpuesta por la mercantil [NOMBRE_PARTE_CONTRARIA], y todo ello con base en los siguientes hechos

### HECHOS

**PREVIO.-** Se niegan todos y cada uno de los alegados en la demanda salvo aquellos expresamente admitidos en el presente, dando por reproducido lo expresado en nuestro escrito de oposición, alegaciones que reiteramos y concretamos mediante la presente.

**PRIMERO.-** Disconforme con el correlativo de la demanda **(2)**. En ningún momento mi mandante realizó contrato jurídico alguno con la hoy actora.

[DESCRIPCIÓN]

Es decir, no existe contrato alguno del que se pueda deducir deuda reclamable.

**SEGUNDO.- (3)** Disconforme con lo expresado de adverso en el correlativo. La parte demandante indica en su escrito rector que mi mandante adeuda una cuantía de [CANTIDAD] euros, proveniente de [DESCRIPCIÓN] no existiendo tal vinculación. [DESCRIPCIÓN].

Siendo la carga probatoria de la actora, en virtud de lo expuesto en el **art. 217 de la LEC**, la misma no se ha procedido en la presente, no siendo, ni siquiera de forma indiciaria, la prueba presentada expositiva de los hechos demandados.

**TERCERO.-** Abundando en lo anterior, cabe mentar que ya no solo no [DESCRIPCIÓN].

**CUARTO.-** Se impugna la documental presentada con la demanda, en tanto en cuanto [DESCRIPCIÓN] no reúnen los requisitos exigidos en la Ley de Enjuiciamiento Civil.

A los anteriores hechos les son de aplicación los siguientes,

## FUNDAMENTOS DE DERECHO

**PREVIO.-** Se niegan todos y cada uno de los alegados en la demanda salvo aquellos expresamente admitidos en el presente.

**PREVIO BIS.- EXCEPCIONES PROCESALES:**

### Primera.- Falta de legitimación activa

No puede reconocer esta parte la legitimación de la actora, por [DESCRIPCIÓN] (no constar la relación que indica).

### Segunda.- Falta de legitimación pasiva

La acción se dirige contra mi mandante, sin existir prueba que suscite relación alguna entre la misma y la suscripción del contrato cuya deuda se reclama.

### Tercera.- Falta de acción

En relación con lo anterior, no existe acción posible contra mi poderdante, al no existir causa para la misma, pues, nunca se procedió a la firma de ningún contrato.

### Cuarta.- Prescripción de la acción

En todo caso, la acción de reclamación de la deuda estaría prescrita al haber pasado más de [DESCRIPCIÓN].

### I.- JURISDICCIÓN Y COMPETENCIA

Conforme con el correlativo, al ser de aplicación lo estipulado en los arts. 21 y ss. de la LOPJ, así como lo establecido en al art. 36 de la LEC.

Es competente el juzgado al/la sección a la que me dirijo de conformidad con lo dispuesto en los artículos 45 y siguientes de la LEC, así como 50 y concordantes **(1)**.

### II.- CAPACIDAD Y LEGITIMACIÓN

Nos remitimos a lo expresado en la fundamentación previa bis al entender inexistencia de legitimación de la parte.

## III.- REPRESENTACIÓN

En su caso, las partes deberán comparecer por medio de procurador/a y asistidas de letrado/a, de conformidad con lo expuestos en los arts. 23 y 31 de la LEC **(4)**, al ser la cuantía del procedimiento superior a 2.000 €.

## IV.- PROCEDIMIENTO

Reiterando la falta de acción, así como la prescripción, en todo caso la reclamación de cantidad, al exceder de 15.000 €, le corresponde sustanciarse por los trámites del procedimiento ordinario, de conformidad con lo expuesto en el art. 249.2 de la LEC, todo ello derivado de la aplicación del art. 818.2 de la LEC **(5)**.

## V.- CUANTÍA

No entendiendo existencia de deuda, no podemos conformar cuantía alguna procedimental, si bien, en atención a lo solicitado en la demanda rectora, se entiende que se debería cuantificar la *litis* en [CANTIDAD] €.

## VI.- FONDO DEL ASUNTO

**De aplicación** [DESCRIPCIÓN].

Asimismo, los arts. 1088 y concordantes del Código Civil, con relación a las obligaciones y contratos, de aplicación en sensu contrario los artículos 1089 y 1254 del CC, así como lo normado en los arts. 1255 y ss. del propio CC.

Todo lo anterior con relación al art. 217 de la Ley de Enjuiciamiento Civil.

Con respecto a la carga de la prueba en **sentencia de la Audiencia Provincial de Alicante n.° 400/2009, de 29 de octubre, ECLI:ES:APA:2009:3619:**

> «Trasladamos por tanto la afirmación de la inexistencia formal de contrato de mutuo a la constatación, por otras vías, de la existencia del mismo sin obviar que quien pretende ejecutar o exigir el cumplimiento de una obligación por tercero se sustenta en la existencia de un contrato, es quien debe asumir la prueba de la existencia de la relación contractual de la que pretende dimanar dicha exigencia -art 217-1 LEC-, lo que nos lleva a una primera cuestión meramente probatoria -y por tanto, fáctica- que puede discurrir en derecho por al menos dos sistemas, los directos, mediante la constatación de la relación contractual por prueba inmediata, que obviada la documental, cabe que sea por testigos, o el indirecto o de presunciones -art 386 LEC-, y que es el utilizado por el Juez de instancia para llegar a su decisión estimatoria de la demanda».

## VII.- PRUEBA

Se impugna la presentada de adverso al no constar ni reconocer mi mandante la suscripción de contrato alguno y, por ende, la deuda reclamada, la cual se funda en documentos ajenos a la actuación de mi poderdante.

En otro orden de cosas, de conformidad con lo establecido en el art. 217 de la LEC, la carga probatoria le corresponde a la actora, carga que no se ha producido al no existir relación contractual alguna, ni utilización de crédito alguno por mi mandante.

## VIII.- *IURA NOVIT CURIA*

En todo lo no invocado resulta de aplicación el principio *iura novit curia*, plasmado en el párrafo segundo del punto primero del artículo 218 de la Ley de Enjuiciamiento

Civil, en virtud del cual serán aplicables las demás normas que sean de pertinente, especial o general aplicación, y que el juzgador podrá tener en cuenta de oficio sin necesidad de que hayan sido previamente alegadas o invocadas por alguna de las partes intervinientes.

## IX.- COSTAS

De conformidad con el artículo 394 de la LEC **(6)**, las costas deberás ser impuestas a la parte demandante, máxime al tener en consideración la mala fe con la que ha actuado, primero, al no haber contactado con mi mandante con anterioridad, no dejando alegar la inexistencia de deuda ni de contrato, aspecto que, de haberse corroborado por la actora, hubiese ahorrado la pluralidad de gastos judiciales tanto para ambas partes como para la administración.

Y segundo, al haber actuado sin cotejar los datos y contratos con la realidad contractual de la empresa cedente, lo que los llevaría a observar la falta de legitimación pasiva, es decir, de condición deudora de mi mandante, y por tanto la evitación del presente procedimiento.

Por lo expuesto,

**SUPLICO AL JUZGADO/A LA SECCIÓN:**

Que tenga por presentado este escrito, con sus copias y documentos que la acompañan, se sirva admitirlo, les dé la tramitación legal pertinente y tenga por formulada **CONTESTACIÓN A LA DEMANDA DE RECLAMACIÓN DE CANTIDAD** interpuesta contra mi mandante por la representación de la mercantil [NOMBRE_PARTECONTRARIA], y en su día, y previos los trámites oportunos, se sirva dictar sentencia por la que, desestimando íntegramente la demanda, se absuelva a mi mandante de todos los pedimentos contenidos en el suplico de la misma.

**SUBSIDIARIAMENTE**, y para el caso de entender la existencia contractual y deudora de mi patrocinado/a, se limite la condena del mismo a la cuantía de [CANTIDAD] euros.

Todo ello con expresa imposición en costas a la parte demandante.

Por ser de justicia que pido en [LOCALIDAD], [FECHA]

<table>
<tr><td>Fdo.: Don/Doña<br>[NOMBRE_ABOGADO_CLIENTE]</td><td>Fdo.: Don/Doña<br>[NOMBRE_PROCURADOR_CLIENTE]</td></tr>
<tr><td>Col. n.º.<br>[NÚMERO_COLEGIADO_<br>ABOGADO_CLIENTE]</td><td>Col. n.º.<br>[NÚMERO_COLEGIADO_<br>PROCURADOR_CLIENTE]</td></tr>
</table>

**OTROSÍ DIGO:** siendo intención de esta parte cumplir con todos los requisitos legales, a tenor de lo previsto en el artículo 231 de la Ley de Enjuiciamiento Civil, se solicita se le diere traslado de cualquier defecto que adoleciere la presente contestación a la demanda, para la inmediata subsanación de la misma.

**SUPLICO AL JUZGADO/A LA SECCIÓN:**

Que tenga por efectuada la anterior manifestación a los efectos oportunos.

Por ser de justicia, fecha y lugar *ut supra*.

Fdo.: Don/Doña
[NOMBRE_ABOGADO_CLIENTE]

Col. n.º.
[NÚMERO_COLEGIADO_
ABOGADO_CLIENTE]

Fdo.: Don/Doña
[NOMBRE_PROCURADOR_CLIENTE]

Col. n.º.
[NÚMERO_COLEGIADO_
PROCURADOR_CLIENTE]

---

**(1)** Por la reforma realizada por la LO 1/2025, de 2 de enero, una vez implantados de forma efectiva los tribunales de instancia (D.T. 1.ª), todas las referencias realizadas a los juzgados unipersonales se entenderán realizadas a las secciones del orden jurisdiccional correspondiente de los tribunales de instancia.

**(2)** Exponer si existe conformidad o disconformidad con los hechos que se exponen en la demanda. Es recomendable que se vaya exponiendo esto de acuerdo al orden que se siguió en la demanda rectora.

**(3)** En caso de disconformidad con lo alegado en demanda, exponer la versión de la parte demandada.

**(4)** Los artículos 23 y 31 de la LEC han sido modificados por la LO 1/2025, de 2 de enero, en vigor desde el 03/04/2025.

**(5)** El apartado 2 del artículo 818 de la LEC ha sido modificado por la LO 1/2025, de 2 de enero, en vigor desde el 03/04/2025.

**(6)** El artículo 394 de la LEC ha sido modificado por la LO 1/2025, de 2 de enero, en vigor a partir del 03/04/2025.

# Demanda de petición inicial del proceso monitorio. Reclamación de cuotas por comunidad de propietarios

**A TENER EN CUENTA**. Por la reforma realizada por la LO 1/2025, de 2 de enero, una vez implantados de forma efectiva los tribunales de instancia (D.T. 1.ª), todas las referencias realizadas a los juzgados unipersonales se entenderán realizadas a las secciones del orden jurisdiccional correspondiente de los tribunales de instancia.

**A TENER EN CUENTA**. Desde el 03/04/2025 por la reforma realizada por la LO 1/2025, de 2 de enero, se exige para la admisión de las demandas civiles el haber acudido a un medio adecuado de solución de controversias (MASC). Es el artículo 5 de la LO 1/2025, de 2 de enero, el que determina estos casos.

### AL JUZGADO DE PRIMERA INSTANCIA DE [LUGAR]/A LA SECCIÓN DE LO CIVIL DEL TRIBUNAL DE INSTANCIA DE [ESPECIFICAR] **(1)**

D./D.ª [NOMBRE PROCURADOR CLIENTE], procurador/a de los tribunales y de la **Comunidad de Propietarios de** [DESCRIPCIÓN]**,** provista de CIF [NÚMERO], que actúa a través de su presidente y representante legal **don/doña** [NOMBRE CLIENTE], representación que acredito mediante poder [NOTARIAL/APUD_ACTA], copia del cual acompaño como **documento n.º** [NÚMERO], bajo la dirección letrada de **don/doña** [NOMBRE LETRADO], colegiado/a n.º [NÚMERO] por el ICA de [LUGAR], ante el juzgado/la sección comparezco y, como mejor proceda en derecho,

### DIGO

Mediante el presente escrito según permite el apartado 2 del **artículo 812** de la LEC formulo **DEMANDA DE PETICIÓN INICIAL DE PROCESO MONITORIO,** contra: **don/doña** [NOMBRE PARTE CONTRARIA], con domicilio en [DOMICILIO] y DNI núm. [NÚMERO], y ello con relación a los siguientes

### HECHOS

**PRIMERO.-** Con fecha de [FECHA] la comunidad de propietarios [NOMBRE], en virtud de acuerdo adoptado por la junta, autorizó la formulación de esta reclamación, tal y como se desprende de la copia del acta que acompaño reseñada como **documento n.º** [NÚMERO].

**SEGUNDO.-** La persona contra la que se dirige esta petición inicial es propietaria de la vivienda sita en el piso [NÚMERO] letra [CONCEPTO] del inmueble que forma parte de la comunidad actora.

Dicho/a propietario/a ha dejado de atender las cuotas de los meses de [MES] a [MES] del año [AÑO], establecidas y aprobadas como cuotas de participación en los gastos comunes de la comunidad.

Como **documento n.º** [NÚMERO] acompaño nota simple informativa del Registro de la Propiedad n.º [NÚMERO] de esta ciudad en la que consta la inscripción registral de la finca a nombre de don/doña [NOMBRE].

**TERCERO.-** La junta de propietarios de la comunidad [NOMBRE] aprobó, en junta celebrada el día [FECHA], la liquidación de la deuda pendiente de pago por parte de don/doña [NOMBRE_PARTE_CONTRARIA].

Como **documento n.º** [NÚMERO] acompaño la certificación del acuerdo aprobando la liquidación de deuda pendiente de pago por parte de don/doña [NOMBRE_PARTE_CONTRARIA] ante la comunidad a la fecha del acuerdo, expedida por el/la secretario/a de la comunidad con el V.º B.º de su presidente/a **(2)**.

**CUARTO.-** Se notificó a don/doña [NOMBRE_PARTE_CONTRARIA] el importe de la deuda pendiente en su propio domicilio.

Acreditamos este extremo con [CONCEPTO] con copia de burofax con certificación de contenido y acuse de recibo que acompaño reseñada como **documento n.º** [NÚMERO].

**QUINTO.-** Los gastos generados por el requerimiento de pago han ascendido a [CANTIDAD] euros, conforme acredito con el justificante que acompaño reseñado como **documento n.º** [NÚMERO]. **(3)**

**SEXTO.-** Las cuotas ordinarias de comunidad reclamadas y los gastos del requerimiento de pago desatendido importan en conjunto, y en consecuencia adeuda don/doña [NOMBRE_PARTE_CONTRARIA] a la comunidad de propietarios [NOMBRE], la cantidad de [CANTIDAD] euros.

## FUNDAMENTOS DE DERECHO

### I.- JURISDICCIÓN Y COMPETENCIA

Es la jurisdicción civil la que debe entender del presente procedimiento, de conformidad con lo dispuesto en la Ley Orgánica 6/1985, de 1 de julio, del Poder Judicial (LOPJ) en sus arts. 9, 21 y concordantes.

Es competente el juzgado de 1.ª instancia al/la sección civil del tribunal de instancia al que me dirijo en virtud de los artículos 45 y 813 de la Ley de Enjuiciamiento Civil **(1)**, por ser el del [ESPECIFICAR] **(4)**.

### II.- CAPACIDAD Y LEGITIMACIÓN

Ambas partes poseen capacidad y legitimación suficiente, de conformidad con lo dispuesto en la Ley de Enjuiciamiento Civil (LEC) en sus arts. 6, 10 y concordantes.

A este respecto, está legitimado como parte activa, el/la demandante por ser el/la presidente/a de la comunidad de propietarios, conforme establece el art. 13 de la LPH, así como la legitimación pasiva corresponde a la parte demandada según se previene en el art. 21 de la LPH.

### III.- PROCEDIMIENTO

Es de aplicación el procedimiento monitorio de conformidad con los artículos 812 y siguientes de la Ley de Enjuiciamiento Civil, con las especialidades recogidas en el art. 21 de la LPH.

### IV.- POSTULACIÓN Y DEFENSA

Tal y como expone la Ley de Enjuiciamiento Civil (LEC) en su artículo 814, en relación con los artículos 23 y 31 **(5)**, en la petición inicial de los procedimientos monitorios **no es preceptiva la intervención de abogado/a ni procurador/a, no obstante, esta parte actúa con ambos profesionales.**

## V.- CUANTÍA

Se establece la cuantía de la reclamación presentada en [CANTIDAD EN LETRA] euros ([CANTIDAD EN NÚMERO] euros).

## VI.- MASC (6)

Según lo establecido en el art. 5 de la LO 1/2025, de 2 de enero, las partes han acudido a [DESCRIPCIÓN PROCESO MASC] en los términos siguientes [ESPECIFICAR] **(7).**

A estos efectos adjuntamos los siguientes documentos: **(8)**

  - **Documento n.º** [NÚMERO].
  - **Documento n.º** [NÚMERO].

## VII.- FONDO DEL ASUNTO

El propietario está obligado a satisfacer los gastos generales de la comunidad, conforme preceptúa el artículo 9 de la LPH y el deudor deberá responder conforme dispone dicha Ley, la LEC y el Código Civil, entre otras.

### Artículo 812 de la LEC

«1. Podrá acudir al proceso monitorio quien pretenda de otro el pago de deuda dineraria de cualquier importe, líquida, determinada, vencida y exigible, cuando la deuda se acredite de alguna de las formas siguientes:

1.ª Mediante documentos, cualquiera que sea su forma y clase o el soporte físico en que se encuentren, que aparezcan firmados por el deudor o con su sello, impronta o marca o con cualquier otra señal, física o electrónica.

2.ª Mediante facturas, albaranes de entrega, certificaciones, telegramas, telefax o cualesquiera otros documentos que, aun unilateralmente creados por el acreedor, sean de los que habitualmente documentan los créditos y deudas en relaciones de la clase que aparezca existente entre acreedor y deudor.

2. Sin perjuicio de lo dispuesto en el apartado anterior y cuando se trate de deudas que reúnan los requisitos establecidos en dicho apartado, podrá también acudirse al proceso monitorio, para el pago de tales deudas, en los casos siguientes:

1.º Cuando, junto al documento en que conste la deuda, se aporten documentos comerciales que acrediten una relación anterior duradera.

2.º Cuando la deuda se acredite mediante certificaciones de impago de cantidades debidas en concepto de gastos comunes de Comunidades de propietarios de inmuebles urbanos».

### Apartado 2 del art. 21 de la LPH

«La comunidad podrá, sin perjuicio de la utilización de otros procedimientos judiciales, reclamar del obligado al pago todas las cantidades que le sean debidas en concepto de gastos comunes, tanto si son ordinarios como extraordinarios, generales o individualizables, o fondo de reserva, y mediante el proceso monitorio especial aplicable a las comunidades de propietarios de inmuebles en régimen de propiedad horizontal (...)».

En el caso que nos ocupa [DESCRIPCIÓN].

### Apartado 5 del art. 21 de la LPH

«Cuando en la solicitud inicial del proceso monitorio se utilizaren los servicios profesionales de abogado y/o procurador para reclamar las cantidades debidas a la Comunidad, el deudor deberá pagar, con sujeción en todo caso a los límites establecidos en el apartado tercero del artículo 394 de la Ley de Enjuiciamiento Civil, los honorarios y derechos que devenguen ambos por su intervención, tanto si aquél atendiere el requerimiento de pago como si no compareciere ante el tribunal, incluidos los de ejecución, en su caso. En los casos en que exista oposición, se seguirán las reglas generales en materia de costas, aunque si la comunidad obtuviere una sentencia totalmente favorable a su pretensión se deberán incluir en ellas los honorarios del abogado y los derechos del procurador derivados de su intervención, aunque no hubiera sido preceptiva».

Con respecto a la notificación del deudor, se ha procedido conforme lo establecido doctrinalmente, a tal efecto, la **sentencia del Tribunal Supremo n.º 108/2016, de 1 de marzo, ECLI:ES:TS:2016:795**:

«Como consecuencia de ello se ha entendido que no cabe prescindir de la llamada a juicio en forma personal cuando existe una posibilidad directa o indirecta de localizar al interesado y hacerle llegar el contenido del acto de comunicación (STS 19 de febrero de 1998). **En consecuencia, el actor tiene la carga procesal de que se intente dicho acto en cuantos lugares existe base racional suficiente para estimar que pueda hallarse la persona contra la que se dirige la demanda** y debe desplegar la diligencia adecuada en orden a adquirir el conocimiento correspondiente, aunque no cabe exigirle una diligencia extraordinaria (STS 3 de marzo de 2009).

»De no hacerlo así se entiende que el demandante ha incurrido en ocultación maliciosa constitutiva de la maquinación fraudulenta que puede dar lugar a la revisión de la sentencia (STS 16 de noviembre de 2000). En suma, la maquinación fraudulenta consistente en la ocultación maliciosa del domicilio del demandado concurre objetivamente no solo cuando se acredita una intención torticera en quien lo ocultó, sino también cuando consta que tal ocultación, y la consiguiente indefensión del demandado, se produjo por causa imputable al demandante y no a aquel (SSTS 9 de mayo de 1989; 10 de mayo de 2006, 14 de junio 2006, 15 de marzo de 2007)» (STS n.º 297/2011, de 14 de abril. REV n.º 58/2009)».

Asimismo, la **Audiencia Provincial de A Coruña en sentencia n.º 301/2024, de 16 de octubre, ECLI:ES:APC:2024:2631,** indica:

«(...) resulta la exigencia de que el deudor alegue de forma fundada y motivada, en el escrito de oposición, las razones por las que, a su entender, no debe, en todo o en parte, la cantidad reclamada. Y cambia la estructura del procedimiento cuando la cuantía de la pretensión no exceda de la propia del juicio verbal para que, de modo similar al juicio cambiario, sea el solicitante del monitorio quien pase a impugnar la oposición formulada de forma fundada y motivada por el deudor. De este modo, cuando menos si el monitorio desemboca en juicio verbal, el objeto del proceso queda delimitado con la petición, la oposición y la impugnación de la oposición, sin que sea posible en el acto de la vista que el deudor invoque motivos de oposición distintos de los inicialmente alegados, que lo vinculan definitivamente" (Sentencias de 30 de junio de 2020, 4 de noviembre de 2020 y 7 de octubre de 2021, entre otras).2.La misma argumentación se puede extender a loa relación entre un procedimiento monitorio y un juicio ordinario consecutivo. Aunque la solución no es unánime, la mayor parte de las audiencias provinciales sostienen que el demandado que inicialmente se opuso en el monitorio ha de esgrimir en el declarativo posterior, sea verbal u ordinario, los mismos motivos de oposición que invocó en el procedimiento monitorio precedente (...)».

## VIII.- *IURA NOVIT CURIA*

En todo lo no invocado resulta de aplicación el principio *iura novit curia*, plasmado en el párrafo segundo del punto primero del artículo 218 de la Ley de Enjuiciamiento Civil, en virtud del cual serán aplicables las demás normas que sean de pertinente, especial o general aplicación, y que el juzgador podrá tener en cuenta de oficio sin necesidad de que hayan sido previamente alegadas o invocadas por alguna de las partes intervinientes.

## IX.- COSTAS

Deben ser impuestas a la parte demandada de conformidad con el artículo 394 de la Ley de Enjuiciamiento Civil **(9)**.

Por todo lo expuesto,

### SUPLICO AL JUZGADO/A LA SECCIÓN:

Que tenga por presentado este escrito, con sus documentos adjuntos y copias, los admita, les dé la tramitación oportuna, y tenga por formulada PETICIÓN INICIAL de PROCESO MONITORIO contra don/doña [NOMBRE_PARTE_CONTRARIA] y en su virtud, requiera el/la letrado/a de la Administración de Justicia a dicho deudor para que en el plazo de veinte días pague a la comunidad de propietarios [NOMBRE] el importe de la deuda pendiente por la suma de [CANTIDAD] euros bajo apercibimiento de que de no hacerlo se despachará ejecución por la cantidad adeudada más los intereses de mora procesal pertinentes y costas de la ejecución, acordando además lo siguiente:

1.º Para el supuesto de que el deudor no compareciere ante el tribunal dicte decreto el/la letrado/a de la Administración de Justicia dando por terminado el proceso monitorio y dándonos traslado para formular despacho.

2.º **(10)** [DESCRIPCIÓN].

3.º Condenar a don/doña [NOMBRE_PARTE_CONTRARIA] al pago de las costas procesales, que deben incluir derechos y honorarios de procurador/a y abogado/a, tanto si don/doña [NOMBRE PARTE CONTRARIA] atiende el requerimiento de pago como si aquel no paga ni formula oposición.

Por ser de justicia que se pide en [LOCALIDAD] a [FECHA].

<table>
<tr><td>Ldo.</td><td>Proc.</td></tr>
<tr><td>[NOMBRE Y FIRMA LETRADO]</td><td>[NOMBRE Y FIRMA PROCURADOR]</td></tr>
</table>

**PRIMER OTROSÍDIGO:** para el caso de oposición de la deudora y se proceda la continuación por los trámites pertinentes derivados de la cuantía de la deuda reclamada, se solicita el embargo de los bienes del deudor, sin necesidad de prestar caución, dejando designados como bien susceptible de embargo la vivienda de la que es titular la persona demandada, así como la condena a la parte demandada al pago de la cantidad que se reclama, más intereses legales y costas del procedimiento.

**SUPLICO AL JUZGADO/A LA SECCIÓN:**

Que tenga por efectuada la anterior manifestación a los efectos oportunos.

Por ser justicia que se pide en lugar y fecha *ut supra*.

<table>
<tr><td align="center">Ldo.</td><td align="center">Proc.</td></tr>
<tr><td align="center">[NOMBRE Y FIRMA LETRADO]</td><td align="center">[NOMBRE Y FIRMA PROCURADOR]</td></tr>
</table>

**SEGUNDO OTROSÍ DIGO**: siendo intención de esta parte cumplir con todos los requisitos legales, a tenor de lo previsto en el artículo 231 de la Ley de Enjuiciamiento Civil, se solicita se le diere traslado de cualquier defecto que adoleciere la presente demanda, para la inmediata subsanación de la misma.

**SUPLICO AL JUZGADO/A LA SECCIÓN:**

Que tenga por efectuada la anterior manifestación a los efectos oportunos.

Por ser de justicia, fecha y lugar *ut supra*

<table>
<tr><td align="center">Ldo.</td><td align="center">Proc.</td></tr>
<tr><td align="center">[NOMBRE Y FIRMA LETRADO]</td><td align="center">[NOMBRE Y FIRMA PROCURADOR]</td></tr>
</table>

---

**(1)** Por la reforma realizada por la LO 1/2025, de 2 de enero, una vez implantados de forma efectiva los tribunales de instancia (D.T. 1.ª), todas las referencias realizadas a los juzgados unipersonales se entenderán realizadas a las secciones del orden jurisdiccional correspondiente de los tribunales de instancia.

**(2)** El art. 21.3 de la LPH recoge que deberá acompañar a la demanda un certificado del acuerdo de liquidación de la deuda emitido por quien haga las funciones de secretario de la comunidad con el visto bueno del presidente, salvo que el primero sea un secretario-administrador con cualificación profesional necesaria y legalmente reconocida que no vaya a intervenir profesionalmente en la reclamación judicial de la deuda, en cuyo caso no será precisa la firma del presidente. En este certificado deberá constar el importe adeudado y su desglose.

**(3)** Tal y como se establece en la LPH se podrán incluir en la petición inicial del procedimiento monitorio las cuotas aprobadas que se devenguen hasta la notificación de la deuda, así como todos los gastos y costes que conlleve la reclamación de la deuda, incluidos los derivados de la intervención del secretario administrador, que serán a cargo del deudor.

**(4)** En los casos de reclamación de cantidades debidas en concepto de gastos comunes de comunidades de propietarios, la competencia territorial podrá corresponder, a elección de la parte solicitante:
- Al tribunal del domicilio o residencia de la parte demandada o, si no fueren conocidos, al del lugar en el que el deudor pudiera ser hallado a efectos del requerimiento de pago por el tribunal.
- Al tribunal del lugar en donde se halle la finca.

**(5)** Los artículos 23 y 31 de la LEC han sido modificados por la LO 1/2025, de 2 de enero, en vigor desde el 03/04/2025.

**(6)** A pesar de que el artículo 814 de la LEC no hace referencia a ello, como consecuencia de la exigencia de MASC en el proceso monitorio, el CGPJ ha señalado la necesidad de acompañar a la petición inicial bien el documento que acredite haber intentado alguno de los MASC o bien la declaración responsable de imposibilidad de llevar a cabo la actividad negociadora. Esta última en el caso de que se desconozca el domicilio de la parte demandada o el medio por el que puede ser requerido.

**(7)** De acuerdo con el segundo párrafo del art. 399.3 de la LEC se hará constar en la demanda la descripción del proceso de negociación previo llevado a cabo o la imposibilidad del mismo, conforme a lo establecido en el ordinal 4.º del artículo 264, y se manifestarán, en su caso, los documentos que justifiquen que se ha acudido a un medio adecuado de solución de controversias, salvo en los supuestos exceptuados en la Ley de este requisito de procedibilidad.

En el caso específico del proceso monitorio en materia de comunidad de propietarios surgía la duda de si el requerimiento previo al deudor contemplado en el art. 21 de la LPH sería suficiente para dar por cumplido el requisito de procedibilidad del art. 5 de la LO 1/2025, de 2 de enero. Al respecto, se ha pronunciado la **Audiencia Provincial de Málaga a través de su auto n.º 260/2025, de 6 de junio, ECLI:ES:APMA:2025:535A** donde pone de relieve la obligatoriedad del MASC respecto de los procesos declarativos del libro II y de los especiales del libro IV de la LEC, así como las excepciones al mismo que el propio art. 5 de la LO 1/2025, de 2 de enero, contempla y entre las que no se encuentra el proceso monitorio en el ámbito de la propiedad horizontal.

**(8)** Documentos que acrediten haberse intentado la actividad negociadora previa a la vía judicial cuando la ley exija dicho intento como requisito de procedibilidad, o declaración responsable de la parte de la imposibilidad de llevar a cabo la actividad negociadora previa a la vía judicial por desconocer el domicilio de la parte demandada o el medio por el que puede ser requerido.

**(9)** El artículo 394 de la LEC ha sido modificado por la LO 1/2025, de 2 de enero, en vigor a partir del 03/04/2025.

**(10)** Las opciones para el caso de que se formule escrito de oposición por parte del deudor se contemplan en el artículo 818 de la LEC, concretamente en su apartado segundo modificado por la LO 1/2025, de 2 de enero, en vigor desde el 03/04/2025, donde se distinguen dos supuestos:

a) Cuantía no excede de 15.000 euros (juicio verbal): el letrado o la letrada de la Administración de Justicia dictará decreto dando por terminado el proceso monitorio y acordando seguir la tramitación conforme a lo previsto para el juicio verbal, dando traslado de la oposición a la parte actora, quien podrá impugnarla por escrito en el plazo de diez días. Presentado el escrito de impugnación o transcurrido el plazo sin haberse efectuado, se dictará diligencia de ordenación acordando conceder a ambas partes el plazo de cinco días a fin de que propongan la prueba que quieran practicar, debiendo, igualmente, indicar las personas que, por no poderlas presentar ellas mismas, han de ser citadas por el letrado o la letrada de la Administración de Justicia a la vista para que declaren en calidad de parte, testigos o peritos. A tal fin, facilitarán todos los datos y circunstancias precisos para llevar a cabo la citación y podrán pedir respuestas escritas a cargo de personas jurídicas o entidades públicas, por los trámites establecidos en el artículo 381 de la LEC, continuando el procedimiento por los trámites del artículo 438.9 y siguiente de la LEC.

b) Cuantía excede de 15.000 euros (juicio ordinario): si el peticionario no interpusiera la demanda correspondiente dentro del plazo de un mes desde el traslado del escrito de oposición, el letrado o la letrada de la Administración de Justicia dictará decreto sobreseyendo las actuaciones y condenando en costas al acreedor. Si presentare la demanda, en el decreto poniendo fin al proceso monitorio acordará dar traslado de ella a la parte demandada demandado conforme a lo previsto en los artículos 404 y siguientes de la LEC, salvo que no proceda su admisión, en cuyo caso acordará dar cuenta al juez o jueza para que resuelva lo que corresponda.

# Demanda de reclamación de créditos debidos a la comunidad de propietarios (posterior al monitorio)

**A TENER EN CUENTA**. Por la reforma realizada por la **LO 1/2025, de 2 de enero**, una vez implantados de forma efectiva los tribunales de instancia (**D.T. 1.ª**), todas las referencias realizadas a los juzgados unipersonales se entenderán realizadas a las secciones del orden jurisdiccional correspondiente de los tribunales de instancia.

**AL JUZGADO DE PRIMERA INSTANCIA DE** [LOCALIDAD]**/A LA SECCIÓN DE LO CIVIL DEL TRIBUNAL DE INSTANCIA DE** [ESPECIFICAR] **(1)**

D./D.ª [NOMBRE PROCURADOR CLIENTE], procurador/a de los tribunales, en nombre y representación de la comunidad de propietarios de la C/ [CALLE] núm. [NÚMERO] de [CIUDAD], según acredito mediante poder [NOTARIAL/APUD_ACTA] que acompaño como **documento n.º** [NÚMERO], otorgado por su presidente **D./D.ª** [NOMBRE PRESIDENTE], nombrado en acta de fecha [FECHA], copia que de la misma acompañamos como **documento n.º** [NÚMERO], bajo la asistencia letrada de **D./D.ª** [NOMBRE ABOGADO/A CLIENTE] colegiado número [NÚMERO] por el ICA de [LUGAR], ante el juzgado/la sección comparezco y, como mejor proceda en derecho,

## DIGO

Que por medio del presente escrito, y en la representación que ostento, interpongo **DEMANDA DE RECLAMACIÓN DE CANTIDAD DE** [CANTIDAD] **euros** contra **D./D.ª** [NOMBRE PARTE CONTRARIA], con domicilio en [DOMICILIO PARTE CONTRARIA] y con DNI [NÚMERO], en reclamación de cuotas de sostenimiento a los gastos generales de la comunidad de propietarios, con origen en los autos de procedimiento monitorio [NÚMERO] seguidos ante este juzgado/sección, y ello a tenor de los siguientes:

## HECHOS

**PRIMERO.-** Que la demandada es propietaria de la vivienda/local sita en [CALLE] n.º [NÚMERO] de [CIUDAD], que se encuentra debidamente inscrita en el Registro de la Propiedad de [LOCALIDAD].

La finca en la que se ubica la referida vivienda se encuentra constituida en comunidad de propietarios de acuerdo con lo establecido en la Ley de Propiedad Horizontal.

Se acompaña como **documento n.º** [NÚMERO] escritura de división horizontal, y como **documento n.º** [NÚMERO] nota simple registral de la vivienda.

**SEGUNDO.-** D./D.ª [NOMBRE PARTE CONTRARIA] ha dejado de abonar el importe que en concepto de [CUOTAS DE SOSTENIMIENTO DE GASTOS GENERALES DEL INMUEBLE/CONTRIBUCIÓN AL FONDO DE RESERVA] le corresponden, como copropietario integrante de la comunidad, durante los meses/trimestres comprendidos entre [FECHA] y [FECHA], sin perjuicio que las cuotas correspondientes a los plazos venideros resulten igualmente impagadas.

Se adjunta certificación del acuerdo adoptado en junta de propietarios celebrada en fecha [FECHA], como **documento n.º** [NÚMERO], aprobando la liquidación de la deuda que se mantiene con la comunidad, la cual consta expedida por el secretario con el correspondiente visto bueno del presidente de la comunidad.

**TERCERO.-** Previamente a la interposición del presente procedimiento se procedió a requerir de pago a D./D.ª [NOMBRE PARTE CONTRARIA], sin que hasta el momento lo haya verificado.

Se adjunta a la presente demanda, como **documentos n.º** [NÚMERO] **a n.º** [NÚMERO], el requerimiento previo remitido al demando a través de burofax con contenido certificado (por conducto notarial), reclamándole el pago de la deuda y el correspondiente acuse de recibo en prueba de conformidad con su recepción.

**CUARTO.-** En fecha [FECHA] se presentó petición de proceso monitorio ante este juzgado, oponiéndose el deudor mediante escrito de fecha [FECHA], siendo notificado el mismo a esta parte el [FECHA].

**QUINTO.-** A pesar del tiempo transcurrido, el demandado continúa sin abonar el importe adeudado, incumpliendo de esta forma la obligación que como copropietario le corresponde de contribuir a los gastos generales para el sostenimiento del inmueble, así como a la dotación del fondo de reserva.

Toda vez que la cuantía excede de 15.000 euros, nos hemos visto en la necesidad de interponer la presente demanda con el objeto de compeler al demandado al pago de las cantidades adeudadas.

La presente demanda se plantea dentro del plazo de un mes desde el traslado del escrito de oposición.

A los anteriores hechos les son de aplicación los siguientes,

## FUNDAMENTOS DE DERECHO

### I.- JURISDICCIÓN Y COMPETENCIA

Es la jurisdicción civil la que debe entender del presente procedimiento, de conformidad con lo dispuesto en la Ley Orgánica 6/1985, de 1 de julio, del Poder Judicial (LOPJ) en sus arts. 9, 21 y concordantes.

Es competente el juzgado de primera instancia al que me dirijo en virtud de los artículos 45 de la LEC **(1)** y 813 de la Ley de Enjuiciamiento Civil, por ser el del domicilio del demandado. **(2)**

### II.- CAPACIDAD Y LEGITIMACIÓN

Ambas partes poseen capacidad y legitimación suficiente, de conformidad con lo dispuesto en los **arts. 6, 10 y concordantes de la LEC**.

Corresponde la legitimación activa a D./D.ª [NOMBRE] en su condición de presidente de la comunidad de propietarios acreedora de las cantidades reclamadas, en virtud de lo dispuesto en el apartado 3 del artículo 13 de la Ley de Propiedad Horizontal, que otorga el presidente de la comunidad de propietarios la representación de la comunidad, en juicio y fuera de él, en todos los asuntos que la afecten.

### III.- POSTULACIÓN Y DEFENSA

La comunidad demandante, representada legalmente por su presidente, acude representada y defendida por procurador y abogado, respectivamente, tal y como exigen los **artículos 23 de la LEC y 31 de la LEC. (3)**

## IV.- PROCEDIMIENTO

El presente procedimiento se sustanciará por los cauces del procedimiento verbal tal y como se desprende de lo estipulado en el punto 15° del apartado 1 del artículo 250 del propio texto legal, que se transcribe a continuación:

«1. Se decidirán **en juicio verbal, cualquiera que sea su cuantía,** las demandas siguientes: (...) 15.° Aquéllas en las que se ejerciten las acciones que otorga a las Juntas de Propietarios y a éstos la Ley 49/1960, de 21 de julio, sobre Propiedad Horizontal, siempre **que versen exclusivamente sobre reclamaciones de cantidad**, sea cual fuere dicha cantidad».

## V.- CUANTÍA

La cuantía del presente procedimiento se establece en [CANTIDAD] euros, correspondientes a las cantidades adeudadas por el demandado, hasta la fecha de la junta de fecha [FECHA], en concepto de gastos comunes de la comunidad de propietarios.

## VI.- FONDO DEL ASUNTO

El **artículo 9.1.e) de la Ley de Propiedad Horizontal** establece la obligación de los propietarios a contribuir, con arreglo a la cuota de participación fijada en el título o a lo especialmente establecido, a los gastos generales para el adecuado sostenimiento del inmueble, sus servicios, cargas y responsabilidades que no sean susceptibles de individualización.

A este respecto, la **sentencia del Tribunal Supremo, n.° 211/2015, de 22 de abril, ECLI:ES:TS:2015:1536**:

«La sentencia de 25 septiembre 2014 Rc. 2417/2012 recuerda cómo el artículo nueve de la Ley de Propiedad Horizontal **impone al propietario,** de forma clara e inequívoca, **el pago de los gastos generales para el buen funcionamiento de los servicios comunes** no susceptibles de individualización y atención de su adecuado sostenimiento, **que no al usuario** (sentencias de 25 mayo de 2005 y de junio de 2006), siendo evidente que en las relaciones entre la Comunidad de Propietarios y el propietario individual los gastos corresponden a éste que será el legitimado pasivamente para soportar las acciones de la Comunidad en reclamación del pago por tales conceptos.

3. No obstante, y partiendo de la anterior precisión sobre el obligado al pago, **se han venido produciendo sucesivas reformas en la Ley de Propiedad Horizontal** con el objeto de tutelar y proteger a las Comunidades de Propietarios, **a fin de garantizarles en la mayor medida el cobro de las deudas de los comuneros**, pues la morosidad constituye el mayor problema que pueden sufrir, ya que les impide hacer frente a las elementales necesidades para el adecuado sostenimiento del inmueble y sus servicios, sufriendo los comuneros cumplidores las consecuencias desfavorables de tales incumplimientos a salvo que suplan la insolidaridad del moroso.

4. Las garantías previstas para conseguir tal propósito son las siguientes:

(i) Los créditos a favor de la comunidad derivados de la obligación de contribuir al sostenimiento de los gastos generales correspondientes a las cuotas imputables a la parte vencida de la anualidad en curso y a los tres años anteriores (disposición final 1.3 de la Ley 8/2013, de 26 junio) tienen la condición de preferentes a efectos del artículo 1923 del Código Civil y preceden, para su satisfacción, a los citados en los números 3.°, 4.° y 5.° de dicho precepto, sin perjuicio de la preferencia establecida a favor de los créditos salariales en el texto refundido de la Ley del Estatuto de los Trabajadores, aprobado por el Real Decreto Legislativo 1/1995, de 24 marzo (artículo 9.1 e)., párrafo segundo LPH).

(ii) El adquirente de una vivienda o local en régimen de propiedad horizontal, incluso con título inscrito en el Registro de la Propiedad, responde con el propio inmueble adquirido de las cantidades adeudadas a la Comunidad de Propietarios para el sostenimiento de los gastos generales por los anteriores titulares hasta el límite de los que resulten imputables a la parte vencida de la anualidad en la cual tenga lugar la adquisición y a los tres años naturales anteriores (disposición final 1.3 de la Ley 8/2013, de 26 junio). El piso o local estará legalmente afecto al cumplimiento de esta obligación. (Artículo 9.1.e) párrafo tercero LPH).

(iii) La obligación del propietario de "comunicar a quien ejerza las funciones de secretario de la comunidad, por cualquier medio que permita tener constancia de su recepción, el cambio de titularidad de la vivienda o local", estableciendo que "quien incumpliere esta obligación seguirá respondiendo de las deudas con la comunidad devengadas con posterioridad a la transmisión de forma solidaria con el nuevo titular, sin perjuicio del derecho de aquel a repetir contra este". Sin embargo se añade que tal responsabilidad "no será de aplicación cuando cualquiera de los órganos de gobierno establecidos en el artículo 13 haya tenido conocimiento del cambio de titularidad de la vivienda o local por cualquier otro medio o por actos concluyentes del nuevo propietario, o bien cuando de dicha transmisión resulte notoria". (Artículo 9.1 i) LPH).

5.De las dos últimas garantías se desprende que, siendo responsable del pago de los gastos comunitarios el propietario de la vivienda que lo era en el momento de producirse la obligación de satisfacerlos, sin embargo se extiende tal responsabilidad a una serie de personas, sin perjuicio del derecho de repetición de éstas contra el obligado al pago. Tales personas son: (i) el propietario actual adquirente del bien por las cantidades adeudadas a la comunidad de propietarios por los anteriores titulares hasta el límite que ya hemos recogido, con afección real del piso o local al cumplimiento de la obligación, aunque el adquirente lo sea con título inscrito en el Registro de la Propiedad; (ii) el propietario anterior que omita la comunicación de cambio de titularidad.

6.El titular registral se encontrará legitimado pasivamente para reclamarle el pago de la deuda: (i) cuando fuese propietario del piso o local en la época en que surgió la obligación de la que nace aquella; (ii) cuando, sin perjuicio del derecho de repetición, sea el actual propietario del piso o local con título inscrito en el Registro de la Propiedad, por las deudas contraídas por los anteriores titulares dentro de los límites temporales que prevé el precepto con afección real del inmueble, (iii) cuando el titular registral sea el propietario que ha omitido la comunicación del cambio de titularidad.

Fuera de estos supuestos no existe obligación legal, propia ni por extensión de responsabilidad, por parte del titular registral al pago de las deudas por gastos de la Comunidad de Propietarios; por lo que no se encontraría legitimado pasivamente para soportar una reclamación de esa naturaleza».

## VII.- *IURA NOVIT CURIA*

En todo lo no invocado resulta de aplicación el principio *iura novit curia*, plasmado en el párrafo segundo del punto primero del artículo 218 de la Ley de Enjuiciamiento Civil, en virtud del cual serán aplicables las demás normas que sean de pertinente, especial o general aplicación, y que el juzgador podrá tener en cuenta de oficio sin necesidad de que hayan sido previamente alegadas o invocadas por alguna de las partes intervinientes.

## VIII.- COSTAS

Artículo 394 de la Ley de Enjuiciamiento Civil **(4)**, en cuanto a la condena en costas, a las que deberá ser condenado el demandado.

En su virtud,

**SUPLICO AL JUZGADO/A LA SECCIÓN:**

Que tenga por presentado este escrito junto con sus copias y documentos adjuntos, los admita, les de la tramitación legal pertinente y, previos los trámites de rigor, dicte sentencia por la que ESTIME la presente demanda y CONDENE a la demandada a que abone a mi representado, la cantidad de [CANTIDAD] euros, más los intereses devengados y las costas causadas.

Por ser justicia que pido en [LOCALIDAD] a [DÍA] de [MES] de [AÑO].

<table>
<tr><td align="center">Ldo.</td><td align="center">Proc.</td></tr>
<tr><td align="center">[NOMBRE Y FIRMA LETRADO]</td><td align="center">[NOMBRE Y FIRMA PROCURADOR]</td></tr>
</table>

**OTROSÍ DIGO:** siendo intención de esta parte cumplir con todos los requisitos legales, a tenor de lo previsto en el artículo 231 de la Ley de Enjuiciamiento Civil, se solicita se le diere traslado de cualquier defecto que adoleciere la presente demanda, para la inmediata subsanación de la misma.

Por lo anterior,

**SUPLICO AL JUZGADO/A LA SECCIÓN:**

Tenga por efectuada la anterior manifestación a los efectos oportunos.

Por ser justicia, fecha y lugar *ut supra*

<table>
<tr><td align="center">Ldo.</td><td align="center">Proc.</td></tr>
<tr><td align="center">[NOMBRE Y FIRMA LETRADO]</td><td align="center">[NOMBRE Y FIRMA PROCURADOR]</td></tr>
</table>

---

**(1)** Por la reforma realizada por la **LO 1/2025, de 2 de enero**, una vez implantados de forma efectiva los tribunales de instancia (**D.T. 1.ª**), todas las referencias realizadas a los juzgados unipersonales se entenderán realizadas a las secciones del orden jurisdiccional correspondiente de los tribunales de instancia.

**(2)** A elección del solicitante, en los casos de reclamación de deuda derivada del impago de cantidades en concepto de gastos comunes de comunidades de propietarios, el juzgado competente podrá ser el del domicilio o residencia del deudor, o el del lugar donde se halle la finca.

**(3)** El art. 23 de la LEC y el art. 31 de la LEC ha sido objeto de modificación por la **LO 1/2025, de 2 de enero,** en vigor a partir del 03/04/2025.

**(4)** El art. 394 de la LEC ha sido objeto de modificación por la **LO 1/2025, de 2 de enero**, en vigor a partir del 03/04/2025.

# Formulario de petición inicial en el proceso monitorio en materia de consumo

**A TENER EN CUENTA.** Por la reforma realizada por la **LO 1/2025, de 2 de enero**, una vez implantados de forma efectiva los tribunales de instancia (**D.T.1.ª**) todas las referencias realizadas a los juzgados unipersonales se entenderán realizadas a las secciones del orden jurisdiccional correspondiente de los tribunales de instancia. Para los litigios en materia de consumo la LO 1/2025, de 2 de enero, ha establecido en su D.A. 7.ª que el requisito de procedibilidad se entenderá cumplido con la reclamación previa por parte del consumidor o usuario a la empresa o profesional con el que hubiere contratado, sin haber obtenido una respuesta en el plazo establecido, o cuando la misma no hubiera sido satisfactoria. Si bien, en caso de que la reclamación previa sea infructuosa, se podría acudir a cualquiera de los medios adecuados de solución de controversias, tanto los previstos en la legislación especial en materia de consumo, como los generales previstos en la LO 1/2025, de 2 de enero.

## AL JUZGADO DE PRIMERA INSTANCIA DE [LOCALIDAD]/A LA SECCIÓN CIVIL DEL TRIBUNAL DE INSTANCIA DE [LOCALIDAD] (1)

**Don/Doña** [NOMBRE_PROCURADOR/A_CLIENTE], procurador/a de los tribunales, en nombre y representación de don/doña [NOMBRE_CLIENTE], según acredito mediante poder especial para pleitos para su unión en autos por copia certificada con devolución del original/mediante poder apud acta que se acompaña como **documento n.º** [NÚMERO], bajo la dirección letrada de don/doña [NOMBRE_ABOGADO/A_CLIENTE], ante el juzgado/sección comparezco y, como mejor proceda en derecho,

### DIGO

Mediante el presente escrito vengo a formular **PETICIÓN INICIAL DE PROCESO MONITORIO** en reclamación de cantidad de [CANTIDAD_LETRA] euros ([CANTIDAD] €), en concepto de principal, más intereses y costas, contra la mercantil [NOMBRE PARTE CONTRARIA] con CIF número [NÚMERO_CIF] y con domicilio social en [DOMICILIO PARTE CONTRARIA], y ello con base en los siguientes,

### HECHOS

**PRIMERO.-** La sociedad mercantil [NOMBRE PARTE CONTRATO] celebró con don/doña [NOMBRE CLIENTE] un contrato de [ESPECIFICAR PRODUCTO] a pagar en tres plazos.

En el primer plazo don/doña [NOMBRE CLIENTE] debía de satisfacer la cantidad de [ESPECIFICAR] euros, en el segundo [ESPECIFICAR] euros y en el tercero [ESPECIFICAR] euros.

Si bien, a mi mandante no se le facilitó la información acerca de los intereses que debía de satisfacer en cada uno de esos plazos, pensando que la cantidad a abonar era la misma en todos los plazos.

Se acompaña como **documento n.º** [NÚMERO] copia del contrato suscrito entre las partes, factura n.º [NÚMERO] emitida por la venta meritada correspondiente como **documento n.º** [NÚMERO] y certificado bancario como **documento n.º** [NÚMERO] donde se acredita la cantidad cobrada a mi mandante que excede en [ESPECIFICAR] euros a la estipulada en el contrato y cuya cuantía se reclama. **(2)**

**SEGUNDO.-** Sin embargo, y dado que por la parte demandada no se había procedido a la devolución de la cantidad cobrada de más, a fecha [FECHA] mi mandante requirió de pago a la mercantil demandada mediante el envío de una carta certificada con acuse de recibo/burofax, copia de la cual se adjunta como **documento n.º** [NÚMERO]. **(3)**

**TERCERO.-** Agotadas todas las gestiones para obtener la satisfacción de mi crédito por vía amistosa, no ha quedado otra alternativa que la de acudir a la vía judicial para obtener el pago de la cantidad adeudada.

A los anteriores hechos le son de aplicación los siguientes,

## FUNDAMENTOS DE DERECHO

### I.- JURISDICCIÓN Y COMPETENCIA

De aplicación lo dispuesto en el artículo 36 de la LEC y concordantes, en relación a lo dispuesto en la Ley Orgánica del Poder Judicial (LOPJ), concretamente en sus preceptos 21 y ss.

Es competente el Juzgado de 1ª Instancia/la Sección Civil del Tribunal de Instancia al/a la que me dirijo en virtud de los artículos 45 y 813 de la Ley de Enjuiciamiento Civil, por ser el del domicilio del demandado/a. **(1)**

### II.- CAPACIDAD Y LEGITIMACIÓN

Está legitimado/a como parte activa, el/la demandante por ser el/la acreedor/a de la cantidad debida, en su calidad de consumidor al que fueron cobrados de más los productos comprados objeto de la factura que se reclama.

Está legitimado/a como parte pasiva, el/la demandado/a, por ser quien cobró de más los productos adquiridos por mi mandante objeto de la factura, y no haber abonado el importe.

### III.- REPRESENTACIÓN

No siendo preceptiva la asistencia letrada, ni la representación por medio de procurador/a, de conformidad con lo estipulado en el apdo. 2 del art. 814 de la LEC, así como en los arts. 23.2.1.ª y 31.2.1.º del meritado texto legal al ser el presente escrito la petición inicial del procedimiento monitorio, esta parte acude asistida de letrado/a y representada por procurador/a en aras de atender lo preceptuado procesalmente para los trámites posteriores (en caso de impago), toda vez que la cuantía a reclamar hace preceptiva la intervención de dichos profesionales.

### IV.- PROCEDIMIENTO

Es de aplicación el procedimiento monitorio de conformidad con los artículos 812 y siguientes de la Ley de Enjuiciamiento Civil, concretando el propio artículo 812 de la LEC:

«1. Podrá acudir al proceso monitorio quien pretenda de otro el pago de deuda dineraria de cualquier importe, líquida, determinada, vencida y exigible, cuando la deuda se acredite de alguna de las formas siguientes:

1.ª Mediante documentos, cualquiera que sea su forma y clase o el soporte físico en que se encuentren, que aparezcan firmados por el deudor o con su sello, impronta o marca o con cualquier otra señal, física o electrónica.

2.ª Mediante facturas, albaranes de entrega, certificaciones, telegramas, telefax o cualesquiera otros documentos que, aun unilateralmente creados por el acreedor, sean de los que habitualmente documentan los créditos y deudas en relaciones de la clase que aparezca existente entre acreedor y deudor.

2. Sin perjuicio de lo dispuesto en el apartado anterior y cuando se trate de deudas que reúnan los requisitos establecidos en dicho apartado, podrá también acudirse al proceso monitorio, para el pago de tales deudas, en los casos siguientes:

1.º Cuando, junto al documento en que conste la deuda, se aporten documentos comerciales que acrediten una relación anterior duradera.

2.º Cuando la deuda se acredite mediante certificaciones de impago de cantidades debidas en concepto de gastos comunes de Comunidades de propietarios de inmuebles urbanos».

De acuerdo con apdo. 3 del art. 815 de la LEC:

«Igualmente, si se considerase que la deuda se funda en un contrato celebrado entre un empresario o profesional y un consumidor o usuario, el letrado o letrada de la Administración de Justicia, previamente a efectuar el requerimiento de pago, dará cuenta al juez o jueza, quien, si estimare que alguna de las cláusulas que constituye el fundamento de la petición o que hubiese determinado la cantidad exigible pudiera ser calificada como abusiva, podrá plantear mediante auto una propuesta de requerimiento de pago por el importe que resultara de excluir de la cantidad reclamada la cuantía derivada de la aplicación de la cláusula.

En ambos casos, el demandante deberá aceptar o rechazar la propuesta formulada en el plazo de diez días, entendiéndose aceptada si dejara transcurrir el plazo sin realizar manifestación alguna. En ningún caso se entenderá la aceptación del demandante como renuncia parcial a su pretensión, pudiendo ejercitar la parte no satisfecha únicamente en el procedimiento declarativo que corresponda».

De acuerdo con la **sentencia de la Audiencia Provincial de Pontevedra n.º 510/2016, de 6 de octubre, ECLI: ES:APPO:2016:1965:**

«Cuando se da la oportunidad al deudor de pronunciarse sobre la existencia de cláusulas abusivas, es para que las señale, no para diga que algunas son abusivas. Si es el tribunal el que aprecia que alguna de cláusulas pueden serlo, oye previamente a las partes sobre ellas. Sirva de ejemplo la actual redacción del art. 815.4 de la LEC `[815.3 LEC desde el 20 de marzo de 2024]. Si el tribunal no aprecia abusividad, no da trámite de audiencia; pero si la aprecia en algunas, se oye a las partes sobre ellas y el juez, lógicamente, las señalará a las partes para que se pronuncien en particular sobre aquellas en las que entiende puede concurrir aquella condición».

## V.- CUANTÍA

La cuantía del presente procedimiento asciende a [CANTIDAD] €, de conformidad con lo establecido en el apdo. 1.º del art. 251 de la LEC.

## VI.- *IURA NOVIT CURIA*

En todo lo no invocado resulta de aplicación el principio *iura novit curia*, plasmado en el párrafo segundo del punto primero del artículo 218 de la Ley de Enjuiciamiento

Civil, en virtud del cual serán aplicables las demás normas que sean de pertinente, especial o general aplicación, y que el juzgador podrá tener en cuenta de oficio sin necesidad de que hayan sido previamente alegadas o invocadas por alguna de las partes intervinientes.

**VII.- COSTAS**

Deben ser impuestas a la parte demandada de conformidad con el artículo 394 de la Ley de Enjuiciamiento Civil. **(4)**

Por todo ello,

**SUPLICO AL JUZGADO/A LA SECCIÓN:**

Que, tenga por presentado este escrito junto con sus documentos, los admita y tenga por interpuesta **PETICIÓN INICIAL DE PROCESO MONITORIO** contra la mercantil [NOMBRE PARTE CONTRARIA] y, se proceda a requerir al demandado/a para que, en el plazo de veinte días, pague a la parte demandante, el importe adeudado, que asciende a [CANTIDAD] euros de principal, más [CANTIDAD] euros de intereses, para el caso de que en dicho plazo no atienda el requerimiento o no comparezca alegando las razones para negarse total o parcialmente al pago, se dé por terminado el proceso monitorio y se me dé traslado del mismo para que pueda instar el despacho de ejecución.

Por ser justicia que pido en [CIUDAD] a [DÍA] de [MES] de [AÑO].

<table>
<tr><td>Don/Doña<br>[NOMBRE_ABOGADO/A]</td><td>Don/Doña<br>[NOMBRE_PROCURADOR/A]</td></tr>
<tr><td>[NÚMERO_COLEGIADO/A_<br>ABOGADO/A_CLIENTE]</td><td>[NÚMERO_COLEGIADO/A_<br>PROCURADOR/A_CLIENTE]</td></tr>
</table>

**PRIMER OTROSÍ DIGO:** para el caso de oposición de la deudora, se proceda a la continuación por los trámites pertinentes derivados de la cuantía de la deuda reclamada, se solicite el embargo de los bienes del deudor y la condena a la parte demandada al pago de la cantidad que se reclama, más intereses legales y costas del procedimiento.

**SUPLICO AL JUZGADO/A LA SECCIÓN:**

Que tenga por efectuada la anterior manifestación a los efectos oportunos.

Por ser justicia que pido en fecha y lugar *ut supra*.

<table>
<tr><td>Don/Doña<br>[NOMBRE_ABOGADO/A]</td><td>Don/Doña<br>[NOMBRE_PROCURADOR/A]</td></tr>
<tr><td>[NÚMERO_COLEGIADO/A_<br>ABOGADO/A_CLIENTE]</td><td>[NÚMERO_COLEGIADO/A_<br>PROCURADOR/A_CLIENTE]</td></tr>
</table>

**SEGUNDO OTROSÍ DIGO:** siendo intención de esta parte cumplir con todos los requisitos legales, a tenor de lo previsto en el artículo 231 de la Ley de Enjuiciamiento Civil, se solicita se le diere traslado de cualquier defecto que adoleciere la presente demanda, para la inmediata subsanación de la misma.

**SUPLICO AL JUZGADO/A LA SECCIÓN:**

Que tenga por efectuada la anterior manifestación a los efectos oportunos.

Por ser de justicia, fecha y lugar *ut supra*.

<table>
<tr><td>Don/Doña<br>[NOMBRE_ABOGADO/A]</td><td>Don/Doña<br>[NOMBRE_PROCURADOR/A]</td></tr>
<tr><td>[NÚMERO_COLEGIADO/A_<br>ABOGADO/A_CLIENTE]</td><td>[NÚMERO_COLEGIADO/A_<br>PROCURADOR/A_CLIENTE]</td></tr>
</table>

**(1)** Por la reforma realizada por la LO 1/2025, de 2 de enero, una vez implantados de forma efectiva los tribunales de instancia (D.T. 1.ª), todas las referencias realizadas a los juzgados unipersonales se entenderán realizadas a las secciones del orden jurisdiccional correspondiente de los tribunales de instancia.

**(2)** Para acudir al procedimiento monitorio debe acreditarse la deuda por el acreedor, mediante:
- Documentos, cualquiera que sea su forma y clase o el soporte físico en que se encuentren, que aparezcan firmados por el deudor o con su sello, impronta o marca o con cualquier otra señal, física o electrónica.
- Facturas, albaranes de entrega, certificaciones, telegramas, telefax o cualesquiera otros documentos que, aun unilateralmente creados por el acreedor, sean de los que habitualmente documentan los créditos y deudas en relaciones de la clase que aparezca existente entre acreedor y deudor.

**(3)** Para los litigios en materia de consumo la LO 1/2025, de 2 de enero, ha establecido en su D.A. 7.ª que el requisito de procedibilidad se entenderá cumplido con la reclamación previa por parte del consumidor o usuario a la empresa o profesional con el que hubiere contratado, sin haber obtenido una respuesta en el plazo establecido, o cuando la misma no hubiera sido satisfactoria. Si bien, en caso de que la reclamación previa sea infructuosa, se podría acudir a cualquiera de los medios adecuados de solución de controversias, tanto los previstos en la legislación especial en materia de consumo, como los generales previstos en la LO 1/2025, de 2 de enero.

**(4)** El art. 394 de la LEC ha sido objeto de modificación por la LO 1/2025, de 2 de enero, en vigor a partir del 03/04/2025.

# Escrito de petición inicial en el proceso monitorio laboral

**A TENER EN CUENTA.** Por la reforma realizada por la LO 1/2025, de 2 de enero, una vez implantados de forma efectiva los tribunales de instancia (D.T. 1.ª), todas las referencias realizadas a los juzgados unipersonales se entenderán realizadas a las secciones del orden jurisdiccional correspondiente de los tribunales de instancia.

## AL JUZGADO DE LO SOCIAL DE [LOCALIDAD]/A LA SECCIÓN DE LO SOCIAL DEL TRIBUNAL DE INSTANCIA DE [LOCALIDAD] (1)

D/Dª. [NOMBRE], mayor de edad, con DNI n.º [DNI], y con domicilio en la calle [CALLE] n.º [NÚMERO] de [LOCALIDAD] ante el juzgado/la sección de lo social comparezco y como mejor proceda en derecho **DIGO:**

Por medio del presente escrito, en tiempo y forma legal, formulo **PETICIÓN INICIAL DE PROCEDIMIENTO MONITORIO**, en reclamación de cantidad, contra la empresa [DENOMINACIÓN_SOCIAL] **(2)**, dedicada a la actividad de [ACTIVIDAD_EMPRESA], con domicilio social en [DOMICILIO_SOCIAL], fundamentada en los siguientes,

## HECHOS (3)

**PRIMERO.-** Presto servicios laborales para la empresa [NOMBRE_EMPRESA] desde [FECHA] con el grupo de [GRUPO_PROFESIONAL] y percibo un salario de [CANTIDAD] euros mensuales, adjuntando documentos acreditativos **(4)**.

**SEGUNDO.-** La empresa no me ha abonado los salarios de [MES] ([CANTIDAD] euros), [MES] ([CANTIDAD] euros) y paga de beneficios ([CANTIDAD] euros), lo que supone un total de [CANTIDAD] euros, adjuntando documentos acreditativos de la citada deuda. Han de acompañarse recibos de salarios, comunicación empresarial o reconocimiento de deuda u otros documentos análogos de los que resulte un principio de prueba de la cuantía de la deuda (artículo 101 letra a de la LRJS). **(5)**

**TERCERO.-** En fecha [FECHA], el empresario reconoció que me adeudaba dicha cantidad pero que en este momento no me la podía pagar.

**CUARTO.-** El proceso monitorio laboral queda exento de la obligación extrajudicial previa a la jurisdicción social. **(6)**

Por todo ello,

## SUPLICO AL JUZGADO/A LA SECCIÓN:

Que tenga por presentada esta petición **(7)** con sus copias y documentos adjuntos y tenga por formulada petición inicial de proceso monitorio contra [NOMBRE] y en su virtud proceda a requerir a dicho empresario para que en el plazo de diez días me pague la cantidad adeudada, de [CANTIDAD] euros, acreditándolo ante el juzgado/la sección, apercibiéndole de que si no paga la cantidad adeudada en el citado plazo ni formula oposición en forma, se despachará ejecución contra él.

Es justicia que pido en [LOCALIDAD] a [DÍA] de [MES] de [AÑO].

Firma: [FIRMA]

**OTROSÍ DIGO:** se dé traslado del requerimiento al FOGASA por plazo de diez días. **(8)**

En su virtud,

**SUPLICO AL JUZGADO/A LA SECCIÓN:**

Que se tenga por efectuada la manifestación anterior a los efectos oportunos.

Es justicia que pido en fecha y lugar *ut supra.*

Firma [FIRMA]

---

**(1)** Por la reforma realizada por la **LO 1/2025, de 2 de enero**, una vez implantados de forma efectiva los tribunales de instancia (**D.T.1.ª**), todas las referencias realizadas a los juzgados unipersonales se entenderán realizadas a las secciones del orden jurisdiccional correspondiente de los tribunales de instancia.

**(2)** Según el primer párrafo del artículo 101 de la LRJS, para que proceda el proceso monitorio el empresario no ha de encontrarse en situación de concurso y ha de poder ser notificado siguiendo los actos de comunicación procesales en la forma prevista en los artículos 56 y 57 de la LJS.

**(3)** Han de reclamarse cantidades vencidas, exigibles y de cuantía determinada, que no excedan de 15.000 euros, y que deriven de la relación laboral. No puede seguirse el proceso monitorio en reclamaciones de carácter colectivo, ni reclamaciones contra las entidades gestoras o colaboradoras de la Seguridad Social (artículo 101, primer párrafo LRJS).

En la petición inicial ha de expresarse la identidad completa y precisa del empresario deudor, datos de identificación fiscal, domicilio completo y demás datos de localización y, en su caso, de comunicación por medios informáticos y telefónicos, tanto del demandante como del demandado (artículo 101 letra a de la LRJS).

**(4)** Ha de acompañarse copia del contrato, recibos de salarios, comunicación empresarial o reconocimiento de deuda, certificado o documentos de cotización o informe de vida laboral u otros documentos análogos de los que resulta un principio de prueba de la relación laboral (artículo 101 letra a de la LRJS).

**(5)** Ha de hacerse constar el detalle y desglose de los concretos conceptos, cuantías y pensiones reclamadas (artículo 101 letra a de la LRJS).

**(6)** Desde el 20 de marzo de 2024 los procesos monitorios están exentos de la obligación extrajudicial previa a la jurisdicción social (arts. 64 y 101 de la LRJS).

**(7)** La solicitud se presentará preferentemente por medios informáticos, de disponerse de ellos, pudiendo extenderse en el modelo o formulario que se facilite al efecto (artículo 101 letra a de la LRJS).

**(8)** El plazo concedido al FOGASA puede ampliarse por otros diez días más, si manifestase que necesita efectuar averiguaciones sobre los hechos de la solicitud, en especial sobre la solvencia empresarial (artículo 101 letra a de la LRJS).